Leo Fijen | Voorwoord

Gezamenlijk optrekken op weg naar Pasen

BROEDERSCHAP EN ZUSTERSCHAP IS MOOI, elkaar groeten is mooi, maar het is de ontmoeting met Christus die betekenis geeft aan onze ontmoeting met elkaar, aan ons samenzijn. Aldus paus Franciscus in een toespraak tot de deelnemers aan een internationale training voor liturgische vieringen in de bisdommen. *Het gaat om de ontmoeting met Christus, die voedt ons, geeft ontzag en behoeft stilte,* zo sprak de paus een paar weken voor het begin van de vastentijd. Zijn woorden haalden niet de landelijke media, maar raken wel aan de roeping van ons allen: om leerling van Christus te willen zijn en daarvan ook te getuigen, juist in deze tijden van crisis. Evangelisatie, ontzag en stilte, daar gaat het om volgens paus Franciscus, in de liturgie.

Niet eerder was die opdracht zo urgent voor christenen. Recente onderzoeken tonen dat ook aan, Nederlanders kijken steeds meer naar de stem en de inzet van de kerken, als het gaat om eenzamen, armen en vluchtelingen. Maar ook als het gaat om voedsel voor onze ziel. Het is in deze tijd van crises van belang dat we daarin gezamenlijk optrekken. Daarom doen aan dit gebedenboek voor de vastentijd alle bisdommen mee, net als religieuzen uit alle regio's van Nederland. Zo gaan de Nederlandse bisschoppen ons voor, in meditaties. En zo tekenen vrouwelijke religieuzen uit de betreffende bisdommen voor verstillende woorden van gebed daarbij. Als we ooit van betekenis kunnen zijn, dan is het nu: biddend, in stilte, op weg naar de ontmoeting met Christus die ons voorgaat in de dood en zo de weg naar nieuw leven wijst.

Zo'n gebedenboek heeft ook levende getuigen nodig, de evangelisatie waar paus Franciscus over spreekt. Lees dan de bijdrage van Harrie Smeets, de bisschop van Roermond, over het thema van de tweede zondag, vrees. En begin met het verhaal van Jan Liesen, de bisschop van Breda. Hun boodschap is identiek: als je de regie van het leven kwijtraakt, dan blijft het wezenlijke over, leven voor en met Christus. Dat wens en bid ik iedereen toe die met dit gebedenboek op weg gaat naar Pasen.

LEO FIJEN

van As naar Opstanding

*Zeven weken pelgrimeren
door de woestijn
van deze tijd*

Angela Holleboom • Gerard de Korte
Nellie Sluis • Ron van den Hout
Isabella Wijnberg • Jan Hendriks
Regina Plat • Hans van den Hende
Marie-Anne Voermans
Harrie Smeets • Benedict Thissen
Wim Eijk • Jan Liesen • Everard de Jong
Maria Magdalena van Bussel

ADVENIAT

Van As naar Opstanding
©2023 Uitgeverij Adveniat, Baarn
Grafische vormgeving: Jeanine van Poppel
Hoofdredactie: Leo Fijen
Eindredactie: Marian de Heer

Uitgeverij Adveniat
Amalialaan 126-G
3743 KJ Baarn, Nederland
T. +31 (0)88 23 83 600
E. info@adveniat.nl
www.adveniat.nl

Met dank aan de Katholieke Bjibelstichting voor de citaten uit de Willibrordvertaling 1975

Niets uit deze uitgave mag worden verveelvoudigd, opgeslagen in een geautomatiseerd gegevensbestand of openbaar gemaakt in enige vorm of op enige wijze, hetzij elektronisch, mechanisch, door fotokopieën, opnamen of op enige andere wijze, zonder voorafgaande schriftelijke toestemming van de uitgever.

ISBN 9789493279384
NUR 709

Inhoud

LEO FIJEN | **Voorwoord** — 3

ASWOENSDAG | **Offer** — 8
ELKE DAG IS BELANGRIJK – JAN LIESEN — 9

Door as getekend – Maria Magdalena van Bussel — 13

EERSTE ZONDAG | **Proef** — 14
DE PROEF DOORSTAAN – GERARD DE KORTE — 15

Bemoedig ons – Angela Holleboom — 18
Breng ons tot bezinning – Angela Holleboom — 19
De bron van uw aanwezigheid – Angela Holleboom — 20

De macht van geld – Gerard de Korte — 21
De weg van Jezus – Gerard de Korte — 23
Onze eigen roeping – Gerard de Korte — 25

TWEEDE ZONDAG | **Vrees** — 28
NIET TE VREZEN – HARRIE SMEETS — 29
Vreugde en vertrouwen – Marie-Anne Voermans — 30
Door vrees bevangen – Marie-Anne Voermans — 31
Zegen van liefde – Marie-Anne Voermans — 32
U bent er altijd – Marie-Anne Voermans — 33
Jezus voor Kajafas – Harrie Smeets — 35
Jezus in de hof van Getsemane – Harrie Smeets — 37
Vader, in uw handen – Harrie Smeets — 39

DERDE ZONDAG | **Dorst**   42
GEEF MIJ TE DRINKEN – JAN HENDRIKS   43

Dorst naar liefde – Isabella Wijnberg   46
Mijn hart te open – Isabella Wijnberg   47
Een eeuwig feest – Isabella Wijnberg   48

"Mijn ziel heeft dorst..." – Jan Hendriks   49
Dorst naar eenvoud – Jan Hendriks   51
Als een dorst in je wordt gewekt – Jan Hendriks   53

VIERDE ZONDAG | **Blind**   56
LICHT IN DE OGEN – RON VAN DEN HOUT   57

Blind vertrouwen – Nellie Hamersma-Sluis   60
Uit de duisternis bevrijd – Nellie Hamersma-Sluis   61
De ogen weer openen – Nellie Hamersma-Sluis   62

De blindgeborene – Ron van den Hout   63
De ouders – Ron van den Hout   65
De Farizeeën – Ron van den Hout   67

VIJFDE ZONDAG | **Steen**   70
EEN WEGWIJZER NAAR DE TOEKOMST – WIM EIJK   71

Nieuw leven en nieuwe hoop – Benedict Thissen   74
Opstaan ten leven – Benedict Thissen   75
Tot het einde der dagen – Benedict Thissen   76
Geloof – Wim Eijk   77
De steen – Wim Eijk   79
Medelijden – Wim Eijk   81

PALMZONDAG | Leven — 84
ZIJN LEVEN GEVEN – EVERARD DE JONG — 85

Na palmen ook het kruis – Regina Plat — 88

WITTE DONDERDAG | Avond — 90
HET IS AL AVOND – HANS VAN DEN HENDE — 91

Totdat Gij wederkomt – Hans van den Hende — 94

GOEDE VRIJDAG | Kruis — 96
GEEN DOODLOPENDE WEG – HANS VAN DEN HENDE — 97

Een houvast – Hans van den Hende — 100

PAASWAKE | Licht — 102
HET NIEUWE LICHT – HANS VAN DEN HENDE — 103

Getuige zijn – Hans van den Hende — 106

PAASZONDAG | De eerste dag — 108
ALLEEN MAAR GELOVEN – HARRIE SMEETS — 109

De blindgeborene – Harrie Smeets — 111
Het Pasen van de Heer – Marie-Anne Voermans — 114
De Heer leeft, Alleluia! – Marie-Anne Voermans — 115

ASWOENSDAG
Offer

Joël 2,12-18; Psalm 51; 2 Korintiërs 5,20-6,2; Matteüs 6,1-6.16-18

Uit de lezingen:

> Heer, leg Gij mij het woord op de lippen
> en mijn mond verkondigt uw lof.
> Ik weet: offers zult Gij niet verkiezen,
> bracht ik brandoffers – Gij wees ze af;
> mijn offer aan God: mijn berouw,
> een berouwvol en nederig hart
> zult Gij, God, niet als te gering zien.

(PSALM 51,17-19)

> Maar als gij bidt, ga dan in uw binnenkamer, sluit de deur achter u en bidt tot uw Vader die in het verborgene is en uw Vader die in het verborgene ziet, zal het u vergelden.

(MATTEÜS 6,6)

Jan Liesen | Elke dag is belangrijk, ook de laatste dag

Een half jaar geleden wordt duidelijk dat bisschop Jan Liesen van Breda ernstig ziek is en een intensieve medische behandeling nodig heeft. Hij weet niet hoe lang alles gaat duren en of hij veel tijd van leven krijgt. Hij verblijft sinds die diagnose binnen een religieuze gemeenschap en wacht daar af hoe hij gaat reageren op de medische behandelingen. Tegen het einde van het afgelopen jaar treedt bisschop Jan Liesen voor het eerst naar buiten over zijn ziekte. In het geloofsgesprek dat voorafgaat aan de wekelijkse tv-mis vertelt hij over de impact op zijn leven. Zijn stem is hees, zijn tred oogt voorzichtig, zijn verhaal ontroert vele kijkers. In overleg met de bisschop worden zijn woorden hier weergegeven, bij de lezingen van Aswoensdag, dag van de sterfelijkheid.

Het is een grote verandering in mijn leven. Als je zo'n diagnose krijgt en je voelt je ook heel ziek, dan kijk je anders naar de tijd. Misschien is het wel de laatste Aswoensdag of de laatste Vastentijd. Alle dingen waar je altijd druk mee bent, ze verdwijnen naar de achtergrond. Het wezenlijke blijft over. Ik wist dat natuurlijk al veel langer, maar ik besef het nu nog veel dieper. De ontmoeting met mijn sterfelijkheid doet me beseffen dat nog maar één ding belangrijk is: de band met Christus. Ik ben de regie van mijn leven voor een stuk kwijt. Dat heeft iets bijzonders met me gedaan. Ik moest sterk terugdenken aan het moment dat ik tot priester werd gewijd. Toen gaf ik bewust de regie uit handen, je geeft je leven voor Christus. Nu gebeurt het weer en moet ik het laten gebeuren. Met lege handen. Maar ik heb er sinds de behandelingen voor gekozen om dat niet passief te beleven. De regie is aan God, maar ik wil die weg ook bewust gaan. Als dit mijn weg is, dan wil ik dat bewust doen, andermaal mijn leven voor Christus geven.

De ontmoeting met de sterfelijkheid heeft ook gevolgen voor het bidden. Daar wil ik drie dingen over zeggen. De teksten uit de psalmen die ik goed ken, ze komen anders binnen. Als daar staat *'Ik ben ziek van ellende, ik sta aan de rand van de dood'*, dan kan ik dat niet lezen zonder dat op mezelf te betrekken. En ten tweede, soms ben ik zo ziek van de medische behandelingen dat ik niet kan lezen en ook niet kan bidden. Ooit kreeg ik van een arts na haar pelgrimage naar het Heilig Land kruisjes die je kunt vasthouden. En ze zei erbij: geef dat aan mensen die niet kunnen bidden. Want dan hoeven ze het alleen maar vast te houden en worden ze zo vastgehouden door Christus.

Als ik niet kan bidden of lezen, dan houd ik dat kruisje vast en word ik gedragen door Christus. Zoals ik ook gedragen word door de tallozen die me kaarten sturen en voor me bidden. Ze bidden dat ik spoedig mag herstellen. Zo bid ik niet. Ik bid vooral dat ik trouw mag zijn aan Gods plan om Christus te ontmoeten van aangezicht tot aangezicht. Ik bid dat ik die weg tot het einde mag gaan. Ik bid dus niet voor herstel. Wat zou ik dan moeten vragen? Een jaar erbij of vijf jaar? Dood ga ik toch. De dood is een deel van mijn leven, van ons leven. Hoe ga je dood? Niemand praat er graag over. Maar er is niets belangrijkers dan dat. Je wilt toch goed leven. Daar hoort de laatste dag ook bij. Als die laatste dag niet in verhouding staat tot de rest van je leven, dan klopt er iets niet. Elke dag is het belangrijk om goed te leven, ook de laatste. Ik heb gebeden en blijf bidden of ik dat in overgave aan Christus mag doen, die laatste dag, en zo trouw mag zijn aan Gods plan met mij. Want Hij heeft de regie. Als de dood zo komt, dan komt ie. En dan ben ik er niet bang voor.

Als je zo de sterfelijkheid onder ogen ziet, dan denk je ook vaker aan je ouders. Als ik niet kan slapen ga ik de rozenkrans bidden. Dat heb ik van mijn moeder geleerd. Ik was al bisschop toen ze me ooit vroeg wie die nieuwe bisschop was. Ze was zijn naam vergeten. Het bleek om Jan Hendriks van Haarlem-Amsterdam te gaan. Ze vertelde dat ze in de nacht voor hem bad. Toen wist ik: onze moeder bidt voor ons als wij slapen. En nu ik vaak niet kan slapen in de nacht, doe ik wat mijn moeder deed: mensen bij God brengen. Dank je wel moeder. En van vader vond ik een kaartje dat hij me ooit gegeven had in de aanloop naar het nieuwe jaar. 'Als we doen wat Christus ons heeft voorgeleefd, hoeven we ons geen zorgen te maken.' Hij schreef dat vlak voordat hij zou sterven. Als je zo met vertrouwen de dood tegemoet kunt gaan, dan wil ik ook leven van dat vertrouwen. Dank je wel vader. Meer dan dertig jaar na zijn dood spreekt hij tot mij. Dat vertrouwen door alle sterfelijkheid heen geeft me rust.

+JAN LIESEN
Bisschop van Breda

Door as getekend

God, in wie wij geborgen zijn,
door as zijn wij getekend;
broos is ons leven,
breekbaar ons lot,
vluchtig de tijd en
vergankelijk ons bestaan.
Het licht van Uw ogen
doorziet wie wij zijn.

Leer ons dan onze dagen tellen;
déze veertig dagen tellen om op te
staan en met Christus Jezus
door de woestijn heen te gaan.
Afstand te nemen van de verlokkingen
en oppervlakkigheden in onszelf
en om ons heen.

Bevestig ons geloof dat in de kleine
momenten van sterven aan onszelf,
nu reeds iets van verrijzeniskracht
ons deel is op weg naar het stralende
en nooit te doven Licht van Pasen.
Zo bidden wij in naam van uw Zoon,
die de Bezieler is van ons leven.
Amen.

MARIA MAGDALENA VAN BUSSEL
Priorin van Norbertinessenpriorij Sint-Catharinadal
te Oosterhout

EERSTE ZONDAG IN DE VEERTIGDAGENTIJD
Proef

Genesis 2,7-9; 3,1-7; Psalm 51; Romeinen 5,12-19 of 12,17-19; Matteüs 4,1-11

Uit de lezingen:

Wees Sion welgezind en schenk het voorspoed,
bouw de muren van Jeruzalem weer op.

(PSALM 51,20-21)

Daarna werd Jezus door de Geest naar de woestijn gevoerd om door de duivel op de proef gesteld te worden. Nadat Hij veertig dagen en veertig nachten had gevast, kreeg Hij honger. Nu trad de verleider op Hem toe en sprak: "Als Gij de Zoon van God zijt, beveel dan dat deze stenen hier in brood veranderen."

(MATTEÜS 4,1-3)

Gerard de Korte | De proef doorstaan

HET EVANGELIE VAN DE EERSTE zondag van de Veertigdagentijd neemt ons mee naar de woestijn. De meeste Nederlanders zijn daar nog nooit geweest, maar bijna iedereen denkt spontaan aan grote hitte. Dat klopt ook, al kan een woestijn ook bitter koud zijn. Het is vaak een gebied van leegte en eenzaamheid. In de Bijbel is de woestijn dan ook vaak een plek van beproeving en uitzuivering. En, misschien juist ook daardoor, een plaats van Godsontmoeting.

In de Heilige Schrift krijgt de uittocht van Israël uit het slavenhuis Egypte veel aandacht. Maar voordat het beloofde land wordt bereikt, verblijft het volk veertig jaar in de woestijn. Door lijden en beproeving heen, worden de mensen rijp gemaakt voor het land van belofte. Israël ontmoet in de woestijn ook God. De Heer sluit daar een verbond met zijn volk en schenkt de Israëlieten de tien geboden als regels ten leven.

Ook Jezus is vandaag in de woestijn. Niet veertig jaar, maar veertig dagen. Hij wordt op de proef gesteld. Anders gezegd: Hij wordt getest waar Hij ten diepste voor wil leven. Voordat Hij aan zijn openbaar leven begint, wordt Hij getest om te laten zien wat Hij waard is. Als wij goed luisteren, horen wij in de beproevingen dezelfde melodie.

In de leegte van de woestijn is alle franje van het bestaan verdwenen. Er is geen voedsel, water en koelte. Juist in die situatie moet Christus de vraag rond de zin van zijn bestaan beantwoorden. Hij kan allereerst kiezen voor brood alleen. Hij kan ook God uitdagen. En tenslotte kan Hij door een verbond met het kwaad veel macht verzamelen. Maar Hij kiest anders. Hij kiest voor zijn Vader, als centrum van zijn leven, en voor de naaste, juist ook voor de naaste in nood.

Brood is voor ieder mens belangrijk. En het liefst ook nog met goed beleg. Maar leven van brood alleen maakt het leven armetierig. Jezus weet dat en wil leven vanuit elk woord dat komt uit de mond van God. Tijdens zijn aardse leven vormt voor Jezus het woord van zijn Vader de richtsnoer. Jezus noemt God *abba*. Je kunt dat vertalen met papa, een brabbelwoord van kinderen. Zo intens, zo intiem is de band van Jezus met God.

Een en ander impliceert ook dat het beproeven of uitdagen van God niet aan de orde kan zijn. Jezus beseft dat je door te vertrouwen op God de eigen verantwoordelijkheid niet kan ontlopen. Integendeel. Juist het besef te leven vanuit de trouw van de Vader impliceert een geweldige vrijheid. Maar Bijbelse vrijheid impliceert altijd verantwoordelijkheid.

De derde beproeving vormt het verwerven van veel macht door een verbond met de Boze. Maar Jezus wijst radicaal een verbond met het kwaad af. Het licht kan toch geen verbond sluiten met de duisternis. Hij die intens leeft met de Vader en Hem wil dienen, kan toch geen bondgenoot zijn van het kwaad.

Afgelopen woensdag is de Veertigdagentijd begonnen. Wij worden vandaag, op weg naar het Paasfeest, uitgedaagd om zelf in de spiegel te kijken. Kan ik de proef doorstaan? Kan ik de test aan? Ik denk dat wij allemaal de verleiding van brood alleen kennen. Juist in onze welvarende Nederlandse samenleving kunnen wij heel gemakkelijk eendimensionaal leven. Met een mooi huis, een goede baan en een flinke spaarrekening kan God heel gemakkelijk op de achtergrond verdwijnen. Wij kunnen dan het leven op eigen en comfortabele maten snijden en ons niet meer laten uitdagen door het schurende Woord van God. Want dat Woord roept ons weg uit ons gezapige leventje en wil ons radicaal doen leven voor de Heer en het geluk van de mensen die ons gegeven zijn. Christelijk geluk loopt altijd via de ander. Als ik de naaste gelukkig maak, zal ik zelf geluk ontvangen.

+GERARD DE KORTE
Bisschop van 's Hertogenbosch

Bemoedig ons

Allerhoogste God,
wij danken U voor uw welbeminde Zoon,
in wie U vreugde vindt.
En wij bidden U dat wij Hem volgen op zijn weg
in deze veertig dagen en nachten
van bezinning, onthouding en gebed.
Laat zijn Geest op ons rusten,
dat wij met Hem verbonden blijven als het moeilijk wordt.
Komen wij tekort, voedt ons met uw levende woord;
voelen wij ons alleen en verloren,
bemoedig ons in het vertrouwen
dat ons leven in uw liefdevolle handen ligt;
voelen wij ons machteloos en zonder aanzien,
geef ons een diep besef dat U alleen de Machtige bent,
de Enige aan wie onze aanbidding en dienst toekomt.
Maak ook ons tot uw welbeminde dochters en zonen
voor wie uw hemel opengaat
en in wie uw hart vreugde vindt.
Door Jezus Christus, uw Zoon en onze Heer.
Amen.

ANGELA HOLLEBOOM
Abdis Sint-Josephberg,
klooster van de Clarissen in Megen

Breng ons tot bezinning

*Scheppende God,
in deze veertig dagen en nachten oriënteren wij ons op U
en op de weg die U met ons gaat.
Er zijn vele crises in onze wereld gaande
die ons zorgen baren: de oorlog in Oekraïne,
de klimaatverandering,
de groeiende kloof tussen rijk en arm,
de problemen rond de opvang van zovele vluchtelingen
en de aanvallen op de democratie.
Breng ons tot bezinning, God
en geef ons een diep besef dat U alleen God bent, de Enige.
Laat uw woord over ons opgaan
in onze eenzaamheid en angsten wijs ons uw wegen.
Maak ons tot vredebrengers in uw Naam,
tot mensen die barmhartigheid bewijzen
met oog en hart voor de heelheid van uw schepping
en voor de noden van al uw mensen.
Laat deze tijd van bezinning, onthouding en gebed
voor ons vruchtbaar worden
in het voetspoor van uw beminde Zoon,
uw Man van vrede,
uw Redder en Bevrijder voor heel onze wereld,
Jezus Christus, de Heer.
Amen.*

ANGELA HOLLEBOOM
Abdis Sint-Josephberg,
klooster van de Clarissen in Megen

De bron van uw aanwezigheid

Liefdevolle God,
in deze veertig dagen en nachten keren wij in tot onszelf,
laven wij ons aan de bron van uw aanwezigheid
en voeden wij ons met uw levende woord.
In uw handen ligt ons leven, bij U vinden wij rust.
Laat niet toe dat ons leven
door negatieve gevoelens en krachten
overhoop gehaald wordt
en richtingloos en verloren raakt.
Zegen ons met uw Geest,
dat wij ons vertrouwen niet stellen op wat wij kunnen,
wat wij hebben en wat de mensen over ons zeggen,
maar alleen op uw onvoorwaardelijke liefde voor ons.
Laat uw hemel voor ons opengaan
en uw Geest op ons neerdalen,
opdat wij Hem volgen in wie U vreugde schept
en in goede en kwade dagen vasthouden
aan uw weg met ons.
Door Jezus Christus, in wie U welbehagen schept,
vandaag en tot in eeuwigheid.
Amen.

ANGELA HOLLEBOOM
Abdis Sint-Josephberg,
klooster van de Clarissen in Megen

De macht van geld

IN HET EVANGELIE VAN AFGELOPEN zondag kwam de verleiding van geld en macht scherp in beeld. In het hedendaagse Nederland is er heel veel geld aanwezig. En bijna niemand ontkomt aan de aantrekkingskracht van de Mammon. Als ik met vormelingen spreek, willen jongens, en steeds meer ook meisjes, profvoetballer worden. Niet alleen omdat zij sportief zijn maar ook omdat een vorstelijk salaris heel aantrekkelijk lijkt. In onze samenleving ligt de nadruk op presteren en veel geld verdienen.

Helaas lijken christenen ook vaak te buigen voor deze verleiding, Toch wil het evangelie de betekenis van geld en macht relativeren. Jezus was geen asceet en hield van een goede maaltijd. Maar tegelijk lag zijn hart elders. Voortdurend zocht Hij het gelaat van zijn Vader en leefde Hij als een goede herder voor de mensen. Hij leefde de drie goddelijke deugden, geloof, hoop en liefde. En Hij besefte dat de liefde de belangrijkste deugd is.

+GERARD DE KORTE
Bisschop van 's Hertogenbosch

Delen wat we hebben

*Goede God,
in deze Veertigdagentijd
willen wij ons richten op de weg van Jezus.
Hij verzamelt geen rijkdom, maar deelt wat Hij heeft.
Hij verzamelt geen brood,
maar wordt zelf gebroken brood voor ons.
Hij kiest niet voor macht, maar dienstbaarheid.
Zo heeft Hij zijn roeping tot op het kruis gestalte gegeven.
Vader, geef dat wij steeds meer vanuit Christus gaan leven.
Amen.*

+GERARD DE KORTE
Bisschop van 's Hertogenbosch

De weg van Jezus

NA DE WOESTIJNTIJD GAAT JEZUS op tocht. Niet om rijkdom voor zichzelf te vergaren maar veeleer om te delen wat Hij heeft. Hij zal zichzelf delen, ten einde toe. Hij vergaart geen brood voor zichzelf maar wordt tot brood voor anderen. Hij laat zich niet door engelen op handen dragen maar draagt anderen. Zo geeft Jezus aan zijn leven gestalte. Alle ballast, alle franje van het leven vallen weg om zo de handen vrij te hebben voor het wezenlijke: de dienst aan God en de dienst aan de naaste.

In de komende weken begeleiden wij Jezus op zijn tocht naar Jeruzalem. Daar wordt Hij aanvankelijk binnengehaald als een koning. Maar aardse roem is uitermate vergankelijk. Een paar dagen later is Hij niet meer dan een spotkoning. Op Goede Vrijdag sterft Jezus aan het kruis. Geen groter liefde kan iemand hebben dan hij die zijn leven geeft voor zijn vrienden. Jezus heeft een grotere liefde. Hij geeft zijn leven voor vriend en vijand. Zo leven eindigt in het licht. Zo leven eindigt in het volle licht van God.

+GERARD DE KORTE
Bisschop van 's Hertogenbosch

Leven vanuit het evangelie

Goede Vader,
in deze Veertigdagentijd
bidden wij om uw Geest.
Geef dat wij niet bezwijken voor
de verlokking van een leven
voor brood alleen,
voor blinde macht en goedkoop succes.
Geef dat wij ons steeds weer richten op U en de naaste.
en leven vanuit het evangelie van uw Zoon.
Amen.

+GERARD DE KORTE
Bisschop van 's Hertogenbosch

Onze eigen roeping

IN DEZE VEERTIGDAGENTIJD BEREIDEN ONZE doopleerlingen, met een mooi woord catechumenen genoemd, zich voor op hun doopsel en vormsel in de Paasnacht. Ik hoop dat met Pasen nieuwe katholieken in de Sint Jan en andere kerken van mijn bisdom en andere bisdommen in onze Kerk worden opgenomen. Het aanstaande doopsel van de doopleerlingen vormt een spiegel voor onszelf. In de komende weken worden wij uitgenodigd even op te houden met ons jagen en jachten; met steeds maar weer consumeren. Wij mogen een pas op de plaats maken en stil staan bij de vraag: waar leef ik eigenlijk voor; wat zijn eigenlijk mijn prioriteiten.

Anders gezegd: wat is de betekenis van mijn eigen doopsel en vormsel? Besef ik de verantwoordelijkheid van mijn doopsel ? Met andere woorden: waar leef ik voor? Ben ik trouw aan de opdracht van de doop die ik ontvangen heb? Als wij eerlijk zijn, moeten wij toegeven dat wij eigenlijk nog beginnende leerlingen van Jezus zijn. De bekoringen uit het evangelie van afgelopen zondag zijn in een moderne vorm ook in ons leven aanwezig. Jezus kon ze weerstaan maar menig christen helaas niet. De aantrekkingskracht van geld en goed, van macht en aanzien, van succes en applaus is groot. Maar het mooie van ons geloof is dat wij ons altijd weer door God kunnen laten corrigeren. Bekering heet dat in de Bijbel. Anders gaan denken en anders gaan handelen. Een ommekeer tot liefde en dienstbaarheid; tot vergeving en verzoening; zelfs tot liefde voor allen die onze tegenstanders of zelfs vijanden zijn geworden.

+GERARD DE KORTE
Bisschop van 's Hertogenbosch

Kijken in de spiegel

Goede Vader,
in deze Veertigdagentijd
bidden wij om rust en bezinning.
Laat ons een pas op de plaats maken.
Geef dat wij willen kijken in de spiegel van het evangelie
en ons bekeren als dat nodig is.
Dat wij leven voor U en de mensen die ons geschonken zijn.
Maak ons tot liefdevolle en dienstbare
vrienden en vriendinnen van uw Zoon.
Dat wij mensen zijn van vergeving en verzoening;
van vrede en gerechtigheid
Amen.

+GERARD DE KORTE
Bisschop van 's Hertogenbosch

TWEEDE ZONDAG IN DE VEERTIGDAGENTIJD
Vrees
Genesis 12,1-4a; Psalm 33; 2 Timoteüs 1,8b-10; Matteüs 17,1-9

Uit de lezingen:

Weet: Gods oog rust op wie Hem vrezen,
die van Hem de genade verbeiden,
dat Hij hen bewaart voor de dood,
hen als hongersnood heerst wil behouden.
Ons hart wacht de komst van de Heer:
'onze hulp en ons schild dat is Hij!'
Onze diepste vreugd rust in Hem,
ons vertrouwen in zijn naam hoogheilig.

(PSALM 33,18-21)

Een lichtende wolk overschaduwde hen en uit die wolk klonk een stem: "Dit is mijn Zoon, de Welbeminde, in wie Ik mijn behagen heb gesteld; luistert naar Hem." Op het horen daarvan wierpen de leerlingen zich ter aarde neer, aangegrepen door een hevige vrees. Maar Jezus kwam naar hen toe, raakte hen aan en zei: "Staat op en weest niet bang."

(MATTEÜS 17,5-7)

Harrie Smeets | Niet te vrezen

BIJ DE BETEKENIS VAN HET woord vrees denken we allereerst aan bang zijn of angst hebben. Zoals de leerlingen die op de berg Tabor in de gedaanteverandering van de Heer reden zien om zich ter aarde te werpen en zich klein te maken. Maar Jezus raakt hen aan en roept hen op te staan en niet bang te zijn, geen angst te hebben. Om niet te vrezen.

In Sittard staan zeven voetvallen: een soort dominicaanse kruisweg. Deze week staan we kort stil bij drie van deze voetvallen uit de lijdensweg die Jezus Christus ging tot aan zijn dood, rond gedachten van bang zijn, angst hebben en Godsvrees kennen.

+HARRIE SMEETS
Bisschop van Roermond

Vreugde en vertrouwen

*In het Evangelie van deze zondag
beleven de apostelen de transfiguratie
van de Heer op de berg Tabor.*

*Bij het horen van de stem uit de hemel,
'wierpen de leerlingen
zich ter aarde neer, aangegrepen
door een hevige vrees.'*

*Uw grootheid, Heer,
stijgt hoog boven ons uit.
Uw liefde voor Uw Zoon
en voor ons
is zo oneindig groot
dat wij het niet kunnen vatten.*

*Heer, help ons dat onze vrees
in vreugde en vertrouwen
mag veranderen.*

Dank u. Amen.

MARIE-ANNE VOERMANS
Moeder-overste van de congregatie
Zusters van het Arme Kind Jezus
in Nederland

Door vrees bevangen

Heer, soms ben ik door vrees bevangen.
Nee, ik ben niet bang.
Ik voel U naast mij, waar ik ook ga of sta.
En toch vraag ik mij vaak af of ik het wel goed doe.
Soms maak ik mij zorgen,
vraag ik mij af hoe ik het ga doen.
Loslaten is zo moeilijk.
Zou het dan toch vrees zijn?

Heer, bij U wil ik niet bang zijn.
Want U bent goed en voor uw kinderen
is geen plaats voor vrees.
Bij U zoek ik geborgenheid.
Amen.

MARIE-ANNE VOERMANS
Moeder-overste van de congregatie
Zusters van het Arme Kind Jezus
in Nederland

Zegen van liefde

Heer, u bent er altijd.
Ik weet dat u met ons bent begaan.
Soms ontmoet ik mensen die u niet kennen
en vaak merk ik dat zij bang zijn voor het leven
en alles wat het leven met zich mee brengt.

Heer, ik vraag Uw zegen van liefde
voor hen die U niet kennen.
Die niet weten hoe goed U bent.
Die niet weten dat U met ons bent.
Zodat zij nooit meer hoeven te vrezen.

MARIE-ANNE VOERMANS
Moeder-overste van de congregatie
Zusters van het Arme Kind Jezus
in Nederland

U bent er altijd

Als ik opsta, mijn dag begin,
Heer, U bent er.

Als ik tussen de middag
deze voorbije halve dag overzie,
Heer, U was er.

Als ik 's avonds terugblik
op de voorbije dag
voel ik grote dankbaarheid.
Want Heer, U bent er altijd.

Toch voel ik soms ook vrees.
Vrees om niet genoeg aan U te denken.
Vrees dat ik niet weet hoe ik met U moet praten.
Vrees niet zo te zijn als U mij graag zou willen zien.

Heer, verlos mij van deze vrees.
Laat mij steeds meer ontdekken
hoe groot uw liefde is
voor ons mensen, voor mij.
Amen.

MARIE-ANNE VOERMANS
Moeder-overste van de congregatie
Zusters van het Arme Kind Jezus
in Nederland

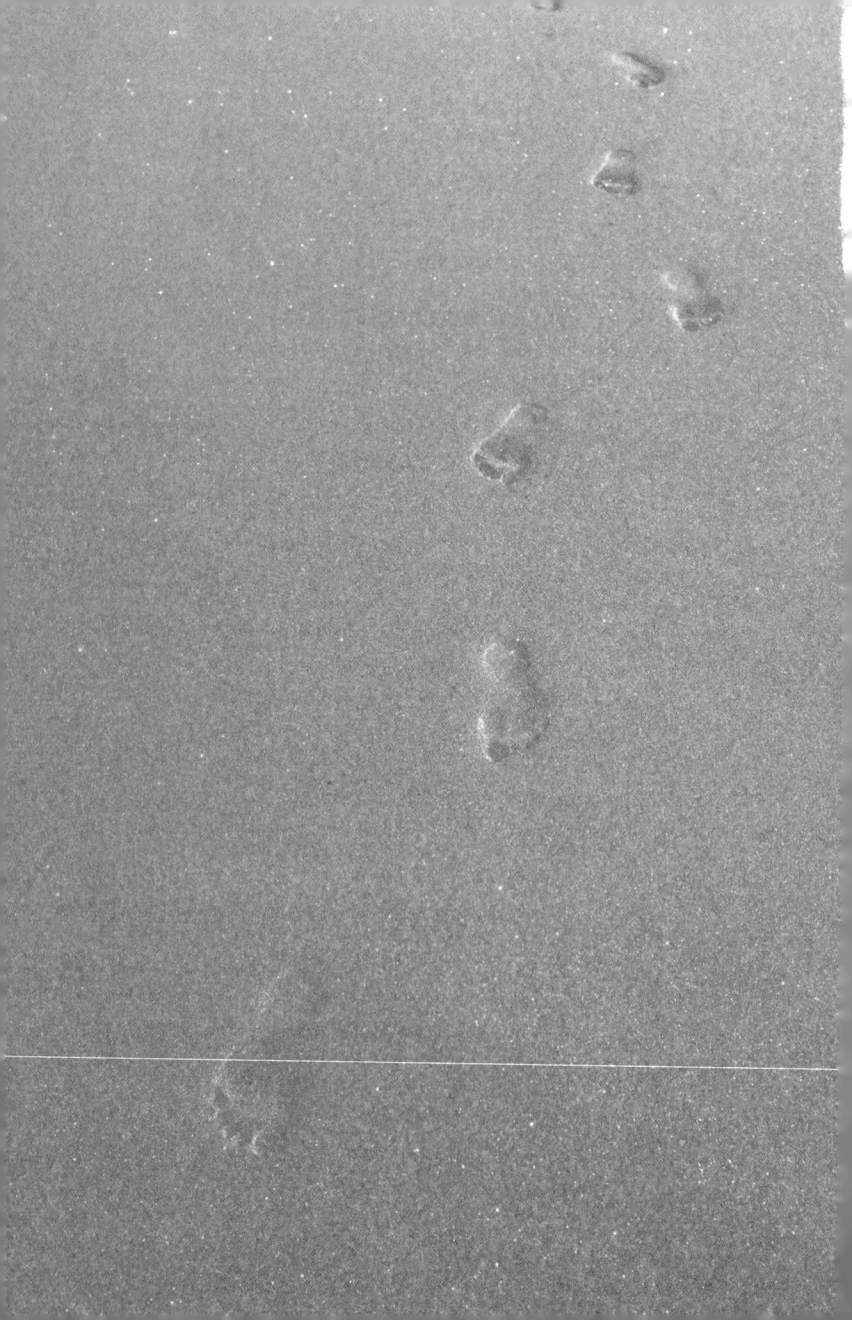

Jezus voor Kajafas

IN DE JOODSE HIËRARCHIE WAS Kajafas dat jaar de hogepriester. De joodse gezagsdrager had in Jezus al lang een gevaar gezien: "Het is beter dat er een mens sterft voor het volk," horen we hem op Goede Vrijdag in Lijdensverhaal zeggen. Hij was bang voor Jezus. En als Petrus Jezus verloochent in de koude buitenlucht voor het huis van Kajafas, is het Jezus die andermaal de waarheid blijft spreken. Rechtuit naar Kajafas die hem gevangen heeft laten nemen: "Ik heb altijd in het openbaar gesproken." Als antwoord op zijn eerlijkheid krijgt Jezus een klap in zijn gezicht: "Hoe durf je zo'n antwoord aan de hogepriester te geven?"

+HARRIE SMEETS
Bisschop van Roermond

Eerlijk te zijn

Heer, hoe vaak durfden wij niet eerlijk te zijn,
hebben we gezwegen,
bang voor de reactie van een ander?
Bang om zelf buiten de groep te vallen?
Ontferm U over ons Heer, ontferm U over ons.
O God wees ons zondaars genadig.

+HARRIE SMEETS
Bisschop van Roermond

Jezus in de hof van Getsemane

Die nacht had Jezus nog gebeden: "Als het mogelijk is, laat dan deze beker aan mij voorbijgaan." Het was het moment dat Jezus angst kende. Hij kent angst die zich in druppels bloed uit. Existentiële angst. Maar hij draagt zijn last. Niet omdat Jezus dood wil, maar omdat hij weet dat hij zijn leven niet in eigendom heeft.

+HARRIE SMEETS
Bisschop van Roermond

Aan ons voorbijgaan

Heer, hoe vaak lieten we de beker
van moeite en ongemak,
van last en lijden
aan ons voorbijgaan?
Als het even kon meden we de moeite
om de ander bij te staan.
Heer, wanneer we niet durfden
opkomen voor de waarheid
of wanneer we oordeelden over anderen.
Voor de keren dat we niet konden verdragen
of konden vergeven wat ons trof,
maar kwaad met kwaad vergolden:
ontferm U over ons Heer, ontferm U over ons.
O God wees ons zondaars genadig.

+HARRIE SMEETS
Bisschop van Roermond

Vader, in Uw handen beveel ik mijn geest

VREES VOOR GOD BETEKENT NIET: bang zijn voor straf van God, omdat ons geloof niet groot genoeg zou zijn. Maar, zo legt het orthodox jodendom uit: het is de angst gescheiden te zijn van God, zoals een kind bang is te worden verlaten door zijn vader of moeder. De grondbetekenis van vreze des Heren is het hebben van ontzag en eerbied voor God die er wil zijn op het moment dat je Hem nodig hebt.

+HARRIE SMEETS
Bisschop van Roermond

Neem ons mee

Neem ons mee, waar wij stil blijven staan.
Neem ons mee, door het graf heen,
naar de poort tot eeuwig leven, naar Pasen toe.
Ontferm U over ons Heer, ontferm U over ons.
O God wees ons zondaars genadig.

+HARRIE SMEETS
Bisschop van Roermond

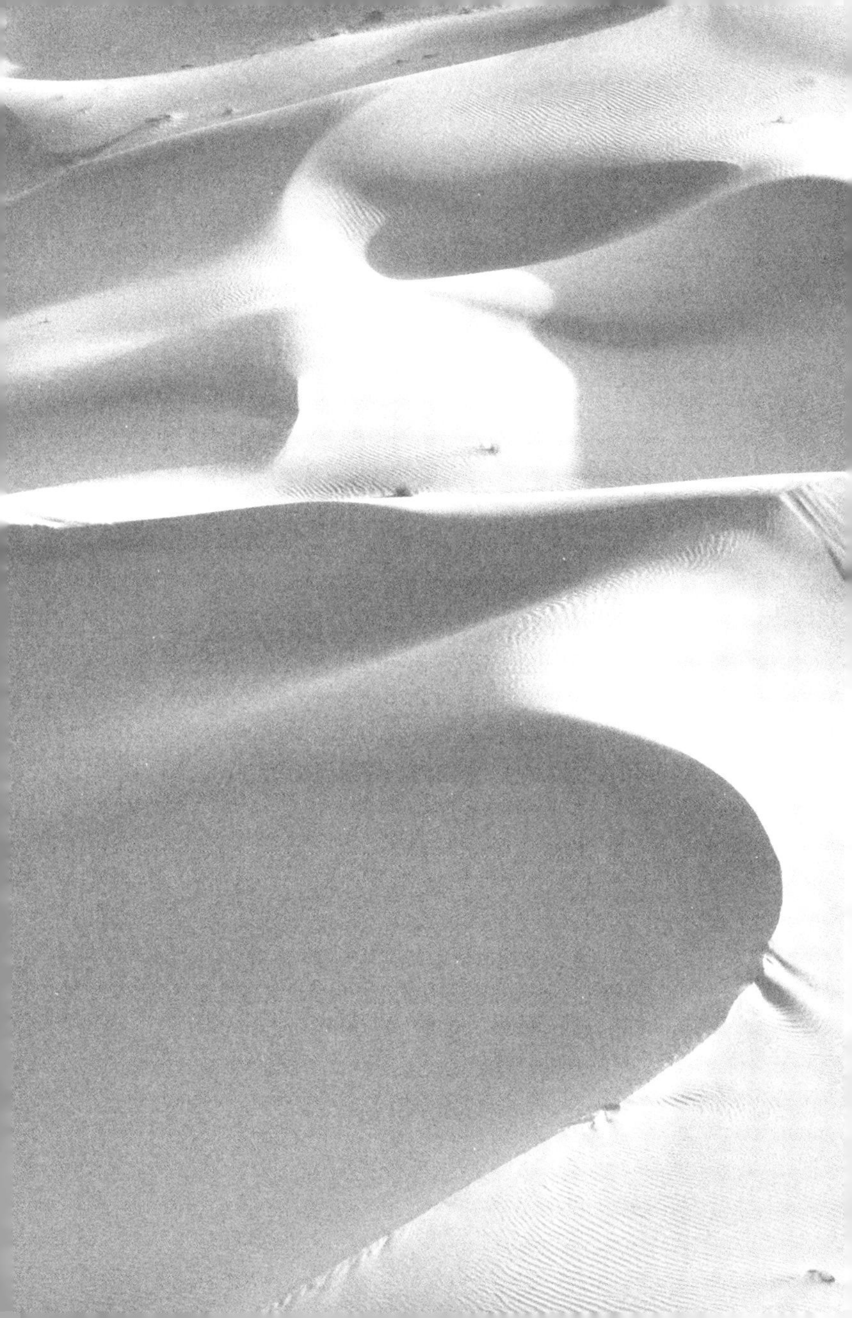

DERDE ZONDAG IN DE VEERTIGDAGENTIJD

Dorst

**Exodus 17,3-7; Psalm 95;
Romeinen 5,1-2.5-8; Johannes 4,5-42**

Uit de lezingen:

De HEER is een machtige God,
een machtige koning, boven alle goden verheven.
Hij houdt in zijn hand de diepten der aarde,
de toppen van de bergen behoren Hem toe,
van Hem is de zee, door Hem gemaakt,
en ook het droge, door zijn handen gevormd.

(PSALM 95,3-5)

Jezus antwoordde haar: "Iedereen die van dit water drinkt, krijgt weer dorst, maar wie van het water drinkt dat Ik hem zal geven, krijgt in eeuwigheid geen dorst meer; integendeel, het water dat Ik hem zal geven, zal in hem een waterbron worden, opborrelend tot eeuwig leven."

(JOHANNES 4,13-14)

Jan Hendriks | Ik heb dorst, geef mij te drinken

JEZUS WAS MOE, DUS HIJ ging bij de bron van Jakob zitten (Joh. 4, 5-42). Een Samaritaanse vrouw kwam bij die put. Zij behoorde tot een volk waarmee het Joodse volk in onmin leefde en waar Joden dus geen contact mee onderhielden. En trouwens, met vrouwen hoorde je niet op straat te praten; vrouwen telden minder mee, ze telden niet zoals de mannen.

De leerlingen waren dan ook verwonderd dat Jezus met een vrouw sprak. En wat voor een vrouw! Vijf relaties had zij achter de rug en met de man die zij toen had was zij niet getrouwd. Vernietigende oordelen lagen voor het oprapen! Maar Jezus keek niet op haar neer en Hij oordeelde niet.

Hij zei tegen die vrouw: "Geef mij te drinken." Hij vroeg haar dus een dienst, Hij nodigde haar uit iets voor Hem te doen. Dat is niet slechts omdat Jezus toevallig water nodig heeft; Hij laat haar zien dat Hij haar kent en respecteert; Hij maakt zich als het ware klein door aan te geven dat Hij haar nodig heeft. Hij wil zich aan haar openbaren als de Messias die levend water geeft. Hij gaat een wederkerige relatie met haar aan, maar anders dan die zij had met al die andere mannen.

Geef mij te drinken. Op het kruis heeft Jezus dit herhaald. "Ik heb dorst", zei Hij daar (Joh. 19, 28). De zusters van Moeder Teresa hebben die woorden in hun kapellen naast het kruisbeeld aangebracht. Zo worden we herinnerd aan de waarde van het goede dat we doen: bij ieder gebed met liefde gezegd, bij ieder lijden met geduld gedragen, bij ieder goed werk aan een medemens gedaan, geef je Hem te drinken, je lest Zijn dorst en zo wordt Jezus aan je geopenbaard.

Jezus oordeelt niet. Hij ziet niet "maar" een vrouw, "maar" een Samaritaanse of "maar" haar geschiedenis. Jezus ziet een mens met een onsterfelijke ziel, door zijn Vader geschapen met liefde en zorg. Hij ziet een geliefde mens. Hij spreekt haar aan vol respect voor haar waardigheid als mens: "Het water dat ik je zal geven wordt een waterbron opborrelend tot eeuwig leven." Geloven in Jezus is voor de vrouw ook geloven in zichzelf en in haar eigen menselijke waardigheid; het is de vervulling van haar diepste verlangens.

Dat je soms deuren dicht mag doen, iets mag afsluiten, om nieuwe deuren te openen naar de toekomst; dat de Heer die je uitnodigt iets voor Hem te doen, zich aan je zal openbaren, nu al en eens ten volle als je eeuwig bij Hem mag leven, dat wens ik je van harte toe.

+JAN HENDRIKS
Bisschop van Haarlem-Amsterdam

Dorst naar liefde

Heer Jezus, dank U wel dat ik U mag kennen.
U bent God. Ik een mens.
En toch wilt U met me praten.
Meer nog: U stelt mij in staat om te delen
in Uw goddelijke missie.
U hebt mij door mijn Doopsel verheven
tot de waardigheid van kind van God.

Steeds weer opnieuw bevrijdt U mij
door de Biecht van alles wat mij onvrij maakt.
Heer, U wilt dat ik vrij en gelukkig ben.
Dat ik me niet laat opsluiten door anderen of door mezelf.
Help me Heer om open te staan
voor deze levengevende genade.

U hebt dorst naar liefde en wordt nooit moe hierom te vragen.
Leer mij om diezelfde blik en openheid
voor anderen te hebben,
zodat zij U op hun beurt ook mogen leren kennen
en met U praten,
en dat wij met elkaar steeds meer ontdekken
hoe goed U bent.

ISABELLA WIJNBERG
Zuster in de gemeenschap Emmanuel
en advocaat te Amsterdam

Mijn hart te openen

Heer Jezus,
help me om net als U
flexibel te zijn,
om open te staan voor
de onverwachte ontmoeting
ongeacht mijn agenda,
om mijn hart te openen voor anderen
uit oprechte interesse.
Iedere mens is kostbaar voor U.
Help me dat ook ontdekken.

ISABELLA WIJNBERG
Zuster in de gemeenschap Emmanuel
en advocaat te Amsterdam

Een eeuwig feest

Jezus, U hebt ons gemaakt voor het eeuwig leven,
het leven met U en met de Vader
in eenheid met de Heilige Geest.
U bent gekomen om ons de weg te tonen
en een plaats te bereiden.
Dank U wel dat wij zijn uitgenodigd
voor dit eeuwig feest,
en dat ik op mijn beurt namens U
ook anderen hiervoor mag uitnodigen.

Wil onze blik veranderen, Heer,
dat wij de dingen van dit leven
met een eeuwig perspectief gaan zien,
dat het uitzien naar de eeuwigheid
ons diepe vreugde geeft,
en dat we in alles wat we doen
toewerken naar de hemel.
Dan is het eeuwig leven nu al begonnen.

ISABELLA WIJNBERG
Zuster in de gemeenschap Emmanuel
en advocaat te Amsterdam

"Mijn ziel heeft dorst..." (Ps. 42,3)

ALS JE EET, KRIJG JE weer honger; als je drinkt krijg je weer dorst. Eten en drinken hebben een tijdelijk, voorbijgaand effect. Je voelt je er onmiddellijk door bevredigd: de trek is weg, de dorst is voorbij, maar een paar uur later is dat al weer over: je krijgt wéér honger en dorst.

Bij geestelijke voedsel en geestelijke drank is dat anders: je ervaart misschien geen onmiddellijke bevrediging – dat is goed mogelijk – maar je bouwt een stille reserve op, een kast vol geestelijk proviand, waaruit je zult kunnen putten op het goede moment, als je dat nodig hebt.

+JAN HENDRIKS
Bisschop van Haarlem-Amsterdam

Een waterbron

Hemelse Vader,
help mij U te zoeken
met heel mijn hart.
Geef dat mijn ziel
dorst heeft naar U
en dat Uw goede gaven
en alle inzichten
die Uw Geest mij schenkt,
in mij een waterbron worden,
"opborrelend tot eeuwig leven" (Jo. 4, 14),
een bron waar ik altijd uit zal kunnen putten,
vooral wanneer alles om mij heen
droog en dor lijkt
en mijn ziel door een nacht gaat
waarin uitzicht ontbreekt.
Voed mijn ziel, Heer,
les mijn dorst,
niet voor even,
maar laat in mij een bron ontstaan
van levend water,
waaruit ik kan putten
altijd en eeuwig.
Amen.

+JAN HENDRIKS
Bisschop van Haarlem-Amsterdam

Dorst naar eenvoud

WATER IS ZO ONGEVEER HET meest eenvoudige wat er is en het is algemeen voorhanden, althans in onze Lage Landen. We hoeven de kraan maar open te doen of het water begint al te stromen. We mopperen er soms op als het al weer regent. Mensen raken in nood bij overstromingen. Zo gewoon is water.

Maar water is niet zo gewoon! Wij mensen bestaan voor het grootste deel uit water, onze hersenen zelfs voor 90%! Zonder water kunnen we maar enkele dagen overleven. Gebieden die met droogte te kampen hebben, kunnen de bevolking niet voeden. Zonder water geen leven. Overal waar water komt ontstaat leven.

We zien hieraan hoeveel belang we moeten hechten aan iets simpels als water. Een prachtige medische uitvinding kan ons misschien een paar jaar extra op deze aardbol geven, een leuke vakantie geeft ons een gezellige tijd, maar het zijn de heel eenvoudige, simpele zaken, zoals water, die tot de kern behoren van ons menselijk bestaan. Een bijzonder drankje is soms leuk, maar heb liever dorst naar water!

Wat is nu echt belangrijk in je leven? Geluk is: je vreugde vinden in de werkelijk belangrijke zaken, in die dingen, die soms zo gewoon lijken, maar dat niet zijn.

+JAN HENDRIKS
Bisschop van Haarlem-Amsterdam

Het simpele teken van water

Heer Jezus Christus,
het simpele teken van water
hebt U ons gegeven
als bron van eeuwig leven;
In alles zocht U de eenvoud,
ook in het sacrament
dat ons tot Uw kinderen maakt.
Ik dank U dat U mij met dit
teken van water
hebt aangenomen als Uw geliefde kind
en hebt bestemd
om voor eeuwig in Uw liefde geborgen te zijn.
Leer mij te zijn als een kind:
laat mij verlangen
naar wat eenvoudig en wezenlijk is,
niet naar opsmuk en uiterlijkheid;
geef mij dorst
naar levend water,
zodat ik in eeuwigheid
geen dorst meer krijg! (Jo. 4, 10. 14)

+JAN HENDRIKS
Bisschop van Haarlem-Amsterdam

ZEVEN WEKEN PELGRIMEREN IN DE WOESTIJN VAN DEZE TIJD

Als een dorst in je wordt gewekt...

IEMAND VERTELDE ME DAT IN zijn hart al jaren het verlangen lag om naar Santiago de Compostela te gaan lopen. Het liet hem niet meer los, hij moest het gewoon doen. Het bracht hem veel moois, maar het voert nu te ver daarover uit te weiden.

Een echtpaar dat ik ken was in Parijs een kerk binnengelopen. De kerk was overvol en de liturgie was wonderschoon. Dat raakte hen. Ze hadden beiden het gevoel dat dit niet "zomaar" een ervaring was, maar dat die viering iets aan hen te zeggen had, dat die een weg wees, al wisten zij (nog) niet wat die weg dan wel moest zijn. Zij konden daarna alleen maar proberen te luisteren naar wat God in hun hart zou leggen.

Een catechiste uit ons bisdom kwam ooit in een Afrikaans land en haar moederhart werd geraakt. Zij voelde dat zij iets moest doen en "adopteerde" enkele jongeren die zij steunde op hun weg en voor wie zij een goede opleiding mogelijk maakte.

Nieuwe seminaristen vertelden me hoe God een verlangen in hun hart had gelegd... ieder had zijn eigen weg. Ik vind hun weg met God een wonder. Zo kan ik doorgaan... En we kunnen hier ons eigen verhaal aan toevoegen: af en toe wekt God een dorst in ons op, een verlangen dat ons niet loslaat, om iets moois te doen voor Hem. Duw dat niet weg, maar laat het toe, stel je ervoor open, want dit is wat je "roeping" noemt!

+JAN HENDRIKS
Bisschop van Haarlem-Amsterdam

Wat U in mijn hart legt

Goede Vader,
laat mij één en al oor zijn
voor wat U in mijn hart legt
en geef mij de moed
om met Uw hulp
de weg te gaan
die U mij wijst.
Dan komt het goed,
dan wordt het mooi,
want Uw bedoeling
kan zich dan ontvouwen,
het mooie plan
dat u ook voor mijn leven hebt.
Amen

+JAN HENDRIKS
Bisschop van Haarlem-Amsterdam

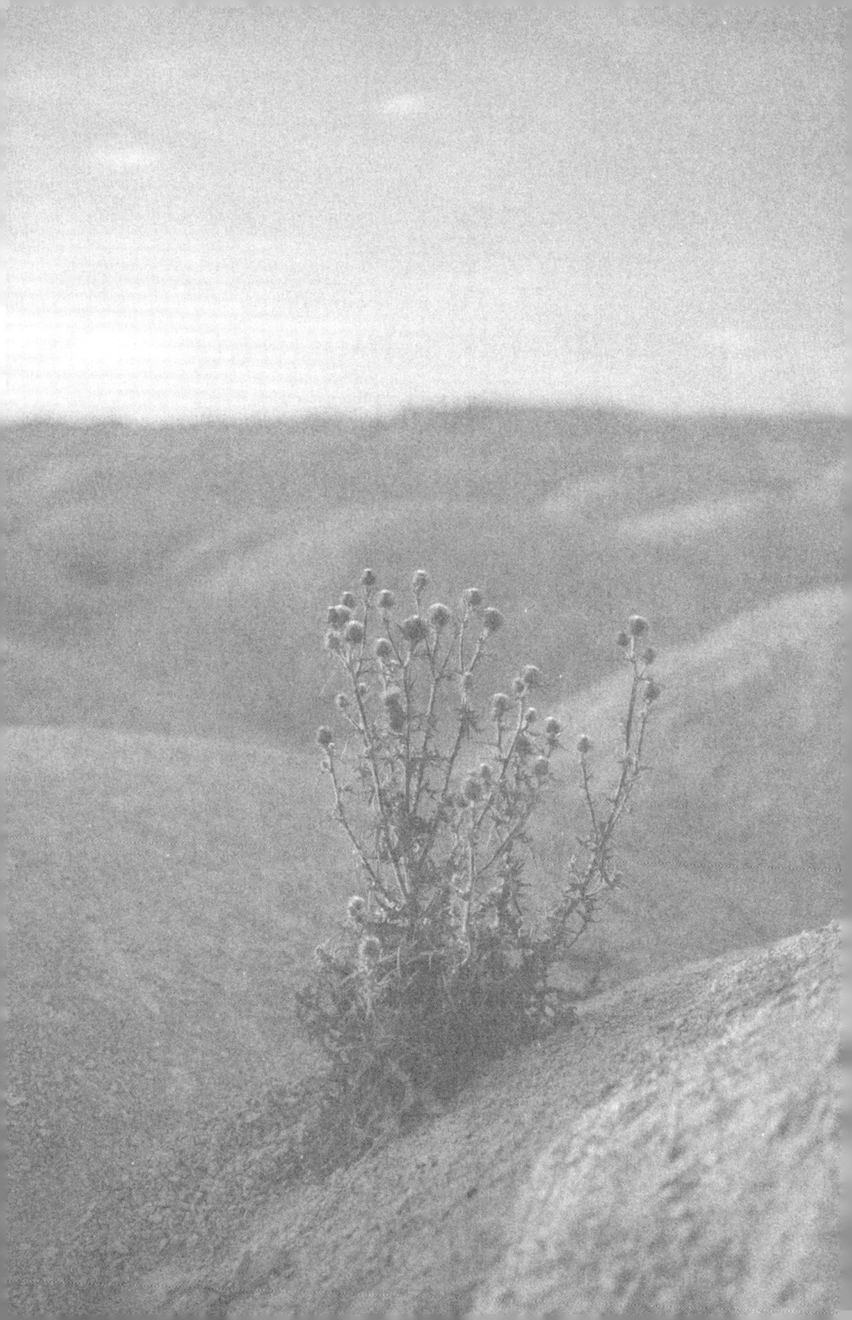

VIERDE ZONDAG IN DE VEERTIGDAGENTIJD

Blind

ZONDAG LAETARE

1 Samuel 16,1b.6-7.10-13a; Psalm 23; Efeziërs 5,8-14; Johannes 9,1-41

Uit de lezingen:

> Moest ik gaan door het dal van
> de schaduw des doods,
> kwaad zou ik niet vrezen.
> Want naast mij gaat Gij,
> uw stok en uw staf
> zij doen mij getroost zijn.
>
> (PSALM 23,4)

> Er komt een nacht en dan kan niemand werken. Zolang Ik in de wereld ben, ben Ik het licht van de wereld.
>
> (JOHANNES 9,4-5)

Ron van den Hout | Licht in de ogen

DE EVANGELIELEZING VAN VANDAAG – en dat geldt ook voor die van vorige week en die van volgende week – zijn bijzonder interessant om te lezen en te beluisteren. Het zijn gesprekken van Jezus met een hoofdpersoon waarbij er omstanders zijn die er bij betrokken worden of zich in het gesprek mengen. Vorige week ontmoette Jezus de Samaritaanse vrouw, deze week een anonieme blindgeborene en volgende week spreekt Jezus met Marta en Maria, de zusters van Lazarus. Het gaat over grote thema's: water dat levengevend is, licht in de ogen om te kunnen zien, en over leven en dood.

Jezus ontmoet vandaag een blindgeborene. Hij ziet hem in het voorbijgaan. De blinde vraagt zelf niets, want hij ziet niets en heeft niet in de gaten dat Jezus voorbij komt. Maar Jezus ziet hém en gaat op hem af. Hij maakt speeksel en bestrijkt daarmee de ogen van de man. Jezus handelt vandaag heel fysiek, aanrakerig en zonder woorden. En Hij geeft aan de blindgeborene de opdracht zich te gaan wassen in de vijver van Siloam elders in Jeruzalem. De blinde wordt genezen... en dan begint het interessant te worden. Waar gaan de gesprekken over die zich dan ontvouwen?

In eerste instantie gaat het over de vraag of degene die genezen is wel de man is die blind geboren is en die algemeen bekend staat als de bedelaar bij de tempel. Een discussie volgt: "Hij is het wel. Neen, hij is het niet, hij lijkt alleen maar op hem." De genezen blindgeborene maakt een einde aan de onduidelijkheid: "Ik ben het." Dat is dan duidelijk. Daarover hoeft het niet meer te gaan.

Maar vervolgens gaat de discussie verder over hoe hij dan genezen is en wie dat dan gedaan heeft. Daarover blijft langer onduidelijkheid bestaan, want de blindgeborene weet niet meer dan dat Hij Jezus heet. Verder is Hij hem onbekend. Jezus is inmiddels ook uit het verhaal verdwenen. Nadat Hij de blindgeborene genezen heeft, horen we niets meer van Hem. Pas helemaal op het einde komt Jezus weer in het verhaal terug. Ondertussen hebben de Farizeeën vrij spel om de blindgeborene aan de tand te voelen. Jezus is niet in de buurt om hem te helpen en de Farizeeën het zwijgen op te leggen. De blindgeborene staat er alleen voor.

Waarover gaat het gesprek tussen de Farizeeën en de blindgeborene? Over hoe hij genezen is, maar vooral over wie die Jezus dan wel is, waar Hij vandaan komt en waarom Hij die genezing op sabbat heeft gedaan. Wat de Farizeeen eigenlijk willen weten: komt Jezus van God of niet? Ze krijgen het niet helder en zien geen andere mogelijkheid dan de blindgeborene in diskrediet te brengen en zijn geloof in twijfel te trekken. Zij willen een wig drijven tussen Jezus en de blindgeborene, maar de blindgeborene is ervan overtuigd dat deze Jezus van God komt. Hij laat Jezus niet los, ook al weet hij nog maar weinig van Hem.

De Farizeeën krijgen er genoeg van en werpen de blindgeborene buiten. Ze kunnen zijn getuigenis niet langer verdragen. Ze laten zich niet de les lezen. Nadat de blindgeborene buitengeworpen is, krijgt Jezus het te horen en komt Hij naar hem toe. Jezus stelt zichzelf voor als de Mensenzoon, degene op wie je je geloof kunt richten en dan komt het ultieme antwoord: "Ik geloof, Heer." De blindgeborene ziet wat het allerbelangrijkste is, dat Jezus van God komt.

+RON VAN DEN HOUT
Bisschop van Groningen-Leeuwarden

Blind vertrouwen

Goede God,
God van alle mensen en alle tijden,
In Jezus, de Genezende,
zien wij Uw hand in deze wereld,
Uw aandacht voor mensen,
uw zorg voor de naamloze.

Wij danken U voor Uw zorgende blik
naar onze aarde en haar bewoners.
Wij danken U voor allen die,
geïnspireerd door Jezus Uw Zoon,
de handen uitstrekken naar mensen
die het leven niet meer zien zitten.

Wij bidden U: dat zij met hun aanraking
mensen doen opstaan en nieuw élan geven.

Dat het blinde vertrouwen,
dat Jezus in mensen stelde,
ook óns over onze kritiek doet heenstappen
en ons helpt elkaar weer
recht in de ogen te zien.
Dat bidden wij U.
Amen.

NELLIE HAMERSMA-SLUIS
Pastoraal werkster in de parochie Heilige Norbertus
te Oost-Groningen

Uit de duisternis bevrijd

*Jezus, in een wereld waarin mensen
bij voorbaat al een achterstand hebben
als zij niet 100% meedraaien,
bidden wij U om een nieuwe kijk op mensen.*

*Uw ontmoeting met de blindgeborene
zet ons aan het denken.
Wij bidden U voor allen
die in onze samenleving wachten
op een uitgestoken hand,
op iemand die in hen gelooft
en hen uit de duisternis bevrijdt.*

*Dat wij uw handen en uw mond
in deze tijd kunnen zijn
en elkaar kunnen bevrijden
van starre regimes
en onberedeneerde vooroordelen.
Dat bidden wij U.
Amen.*

NELLIE HAMERSMA-SLUIS
Pastoraal werkster in de parochie Heilige Norbertus
te Oost-Groningen

De ogen weer openen

Barmhartige God,
In onze kerk zoeken wij U en elkaar
maar vaak zien we niet goed de sporen
en de woorden die ons naar U toebrengen.
Wij worden door zoveel bijgeluiden
en spannende beelden afgeleid
dat U soms niet meer te vinden lijkt.

Wilt U ons de ogen weer openen
voor Uw tekens van liefde?

Wilt U ons de woorden weer toespelen
die wij zo nodig hebben
om elkaar te begrijpen?

Geef ons de rust in ons hart
en de stilte in ons leven
die ons doen zien wat echt belangrijk is.
Dat wij het licht in onze ogen toelaten om
– in navolging van Jezus – een naaste te zijn,
een genezende medemens.
Dat bidden wij U.
Amen.

NELLIE HAMERSMA-SLUIS
Pastoraal werkster in de parochie Heilige Norbertus
te Oost-Groningen

De blindgeborene

DE BLINDGEBORENE HEEFT EEN STERKE wil en een sterk verhaal. Zijn getuigenis is niet te weerleggen. Hij blijft bij de feiten. Wie Jezus is weet hij eigenlijk niet, maar hij is zeker van zijn zaak: "Ik ben genezen, en een zekere Jezus heeft dat gedaan." Hij vertelt ook uitgebreid hoe het gegaan is: "Hij deed slijk op mijn ogen en ik heb mij gewassen en ik zie." Alle pogingen van de Farizeeën om het verhaal in twijfel te trekken stranden op het getuigenis van de blindgeborene, hij geeft niet toe en blijft steeds hetzelfde vertellen. Dat maakt hem een sterke persoonlijkheid.

+RON VAN DEN HOUT
Bisschop van Groningen-Leeuwarden

Wat ik doe en wat ik zeg

*Jezus, als wij ons zwak en kwetsbaar voelen
hebben wij de neiging om in onszelf te keren
en ons terug te trekken van
familie, vrienden en collega's.*

*We verlangen dan naar iemand
van wie we zeker weten dat hij
open en onbevooroordeeld luistert.*

*Geef mij de hulp en de genade
mij op te richten als ik mij tot U wend.
Laat mij sterk, eerlijk en betrouwbaar zijn
in wat ik doe en wat ik zeg.*

+RON VAN DEN HOUT
Bisschop van Groningen-Leeuwarden

De ouders

DE OUDERS VAN DE BLINDGEBORENE worden in het gesprek met de Farizeeën betrokken. Ze worden erbij gehaald, maar zouden liever op een afstand blijven, want ze voelen wel over welke gevoelige zaken het gaat. Toch ondersteunen zij het getuigenis van hun zoon volmondig en blijven ook bij de feiten: "Wij weten dat dit onze zoon is en dat blind is geboren en nu ziet. Hoe het gegaan is, weten wij niet, vraag het hemzelf." De evangelist vertelt dat de ouders bang waren voor de Joden, maar toch is ook hun verhaal sterk.

+RON VAN DEN HOUT
Bisschop van Groningen-Leeuwarden

Wie op ons rekenen

*Jezus, soms vallen wij anderen af
die onze hulp eigenlijk hard nodig hebben.
We komen niet altijd op
voor wie op ons had mogen rekenen.
We zijn bang gezichtsverlies te lijden.
Geef ons uw geest van moed en sterkte
om te doen wat van ons gevraagd wordt.*

+RON VAN DEN HOUT
Bisschop van Groningen-Leeuwarden

Farizeeën

DE BLINDGEBORENE ZEGT OP EEN gegeven moment tegen de Farizeeën: "Wilt ook gij soms leerlingen van Jezus worden?" Dit durft de blindgeborene op een gegeven moment te zeggen, nadat de Farizeeën de discussie over Jezus alsmaar aan de gang hielden met nieuwe vragen en opmerkingen. Het hoge woord is eruit. Leerling worden van Jezus of niet. Voor die keuze staan wij allemaal, ook de Farizeeën. Er zijn Farizeeën die leerling werden van Jezus, maar die van vandaag zijn er nog niet aan toe: "Van deze man weten wij niet waar Hij vandaan is." En dat betekent zoveel als: wij geloven niet in Hem.

+RON VAN DEN HOUT
Bisschop van Groningen-Leeuwarden

Uw leerling zijn

Jezus, de grote uitdaging
van ons in deze tijd
is uw leerling te worden.
Als we nadenken over de missionaire parochie
gaat het om leerling zijn
en anderen tot leerling maken.
Geef ons de openheid
om U beter te leren kennen.
Leer ons te knielen
zodat we U aanbidden
en leer ons zeggen:
Ik geloof, Heer.

+RON VAN DEN HOUT
Bisschop van Groningen-Leeuwarden

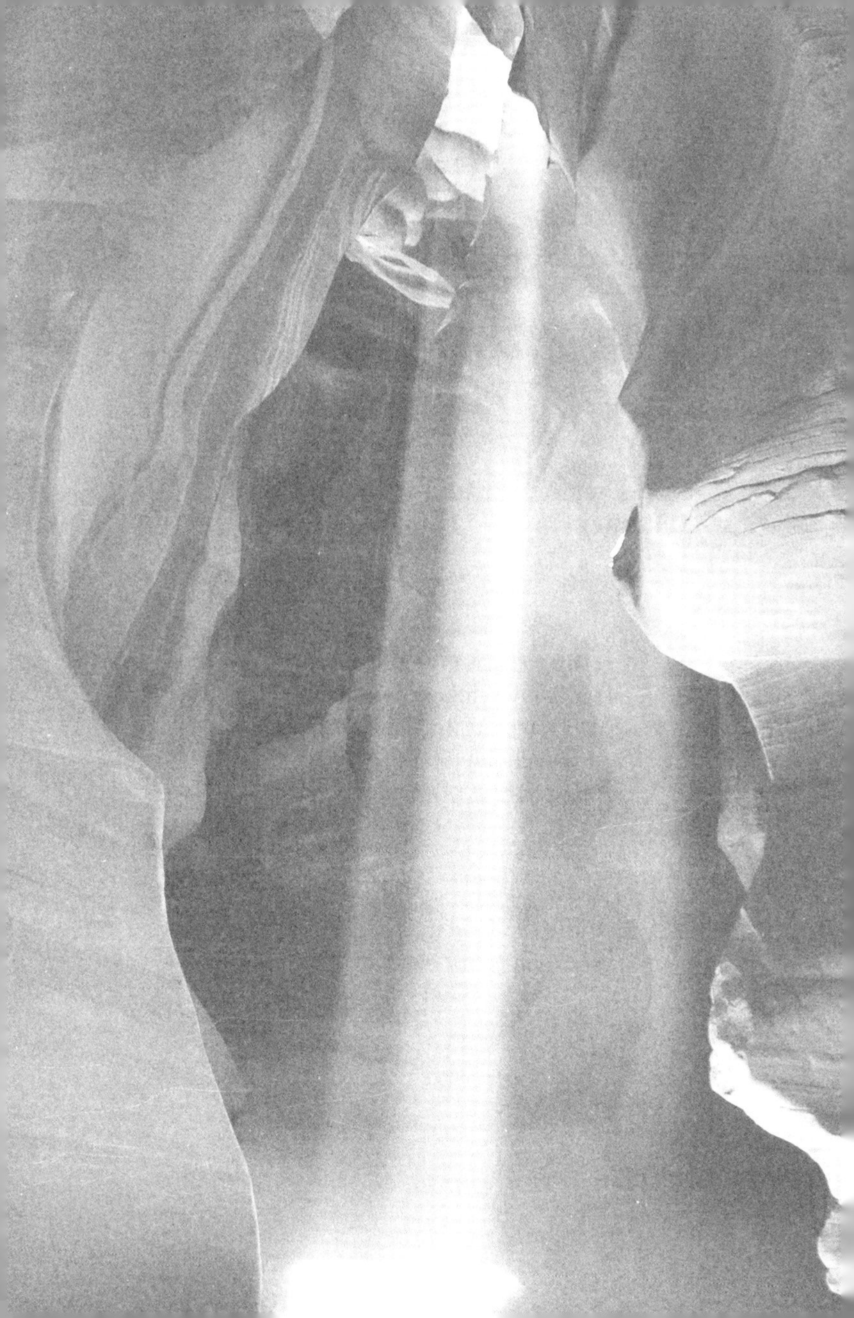

VIJFDE ZONDAG
IN DE VEERTIGDAGENTIJD

Steen

**Ezechiël 37,12-14; Psalm 130;
Romeinen 8,8-11; Johannes 11,1-45**

Uit de lezingen:

Mijn ziel verlangt naar de Heer,
meer dan wachters naar de morgen,
meer dan wachters uitzien naar de morgen.
Israël, hoop op de HEER!
Bij de HEER is genade, bij Hem
is bevrijding, altijd weer.

(PSALM 130,6-7)

Marta zei tot Jezus: "Heer, als Gij hier was geweest, zou mijn broer niet gestorven zijn. Maar zelfs nu weet ik, dat wat Gij ook aan God vraagt, God het U zal geven." Jezus zei tot haar: "Uw broer zal verrijzen."

(JOHANNES 11,21-23)

Wim Eijk | Een wegwijzer naar de toekomst

IN DE EVANGELIELEZING VAN DE vijfde zondag van de Veertigdagentijd wekt Jezus de gestorven Lazarus op uit de doden. De evangelist Johannes beschrijft hier een cruciale gebeurtenis in Jezus' openbare leven, het gaat hier immers om een vooruitwijzing naar Zijn eigen verrijzenis met Pasen. Jezus laat met de opwekking van Lazarus als het ware Zijn ultieme geloofsbrieven aan de mensheid zien: "Wie in Mij gelooft, zal leven, ook al is hij gestorven," zo zegt Hij tegen Marta, de zus van Lazarus.

Johannes begint dit deel van zijn Evangelie met een soort dienstmededeling: hij maakt in de openingszin melding van een zieke, "een zekere Lazarus uit Betanië, het dorp van Maria en haar zuster Marta." Dat lijkt in eerste instantie slechts een geografische duiding waar een zieke zich bevindt, maar al in de volgende zinnen blijkt deze Lazarus veel méér te zijn dan slechts een dorpsgenoot van Marta en Maria. Bij deze twee vrouwen was Jezus eerder een keer op bezoek geweest (Lc. 10,38-42) en Lazarus is blijkbaar hun broer. Sterker nog: Lazarus behoort tot de intimi van de Heer, want de twee zussen sturen Jezus een boodschap: "Heer, hij die Gij liefhebt, is ziek." Zo heeft in enkele zinnen de neutrale mededeling over een zieke zich ontwikkeld tot een persoonlijke aangelegenheid van Jezus: het is zijn vriend Lazarus om wie het gaat.

Het blijkt bij Lazarus een situatie te zijn op leven en dood, toch reist Jezus allerminst halsoverkop naar hem toe. Integendeel: Hij bleef nadat Hij het bericht over Lazarus had gekregen nog twee dagen waar Hij was, voordat Hij weer naar Judea reisde. Tot Zijn leerlingen zei Hij bij vertrek dat Lazarus was ingeslapen "maar dat Ik erheen ga om hem te wekken." Zijn leerlingen denken daarbij aan slaap, maar Jezus meldt hun onomwonden dat Lazarus is gestorven. Dit geeft Jezus de kans de mensen tot geloof te brengen dat Hij de dood overwint, zo weet Hij.

Als Jezus arriveert, snelt Marta Hem tegemoet. Maria blijft nog thuis maar komt later – met in haar kielzog de Joden die onder meer uit Jeruzalem zijn gekomen om beide zussen te troosten. Als Maria bij Jezus komt, barst ze in huilen uit. Dan krijgt ook Jezus het te kwaad – Johannes beschrijft zeer invoelend wat er door Hem heengaat: "Toen Jezus haar zag wenen, en eveneens de Joden die met haar waren meegekomen, doorliep Hem een huivering en diep ontroerd sprak Hij: 'Waar hebt gij hem neergelegd?' Zij zeiden Hem: 'Kom en zie, Heer.' Jezus begon te wenen, zodat de Joden zeiden: 'Zie eens hoe Hij van hem hield.'"

Eenmaal bij het graf – Lazarus is al vier dagen dood – wordt de steen weggehaald. Johannes noteert: "Jezus sloeg de ogen ten hemel en sprak: 'Vader, Ik dank U dat Gij Mij verhoord hebt. Ik wist wel, dat Gij Mij altijd verhoort, maar omwille van het volk rondom Mij heb Ik dit gezegd, opdat zij mogen geloven, dat Gij Mij gezonden hebt.'" Daarop riep Jezus hem en kwam Lazarus naar buiten.

Het gaat Jezus er dus niet om het aardse leven van Lazarus te verlengen, al gunt Hij Marta, Maria en Lazarus ongetwijfeld een lang en gelukkig leven. Het gaat Hem om allen die in Hem geloven en die Hij door Zijn kruisdood zal verlossen. De dood en opwekking van Lazarus zijn daarvan een teken, een wegwijzer naar de toekomst waarin de dood niet het laatste woord heeft. Wie in Christus gelooft en met Hem leeft, zal het eeuwig leven deelachtig worden.

+WIM EIJK
Kardinaal en aartsbisschop van Utrecht

Nieuw leven en nieuwe hoop

God, onze Vader,
wij danken U voor de gave van het geloof,
het geloof in U die niets dan leven schenkt
aan onze wereld, aan ons hart en onze ziel.

Kom ons ongeloof te hulp
als wij de schaduw van de dood,
van de ontmoediging en de wanhoop
over ons voelen komen,
als wij geen uitweg meer weten
uit onze zorgen en angsten.

Herinner ons aan de doodsstrijd van Jezus,
Uw Zoon, die tot het uiterste is gegaan
in zijn liefde en vertrouwen op U,
opdat uw Licht kan doordringen
in onze duisternis, opdat er nieuw leven
en nieuwe hoop mag opbloeien
en wij de vreugde ervaren dat niets
ons scheiden kan van Uw tedere liefde.

BENEDICT THISSEN
Zuster in Abdij Koningsoord te Oosterbeek

Opstaan ten leven

God, U die boven alle namen zijt,
in Jezus, onze Heer, bent U afgedaald
tot in de kleinste hoeken van ons leven,
van onze wereld, ja, tot in de dood en het niets,
opdat niets onbereikbaar zou zijn voor uw liefde.

Gij wilt dat ieder mens en ieder dier
leeft door de Geest van Christus,
die Hem uit de doden heeft opgewekt,
opdat ook wij zouden opstaan ten leven.

Open ons hart voor die genade,
voor de ontmoeting met de Verrezene,
ook al moeten we gaan door
het dal en de schaduw van de dood
om vrij te worden van alles
wat ons doet terugplooien op onszelf.

Maak van ons mensen naar uw hart,
ontvankelijk en vrij voor Hem
die is de Weg, de Waarheid en het Leven.

BENEDICT THISSEN
Zuster in Abdij Koningsoord te Oosterbeek

Tot het einde der dagen

Goede Vader, uw wegen zijn niet onze wegen,
en uw gedachten niet onze gedachten,
Gij lijkt voor ons vaak zo afwezig,
zo onbereikbaar ver weg,
en wij zien en ervaren niet dat U in ons bent,
en bekommerd bent om alles wat ons ter harte gaat.

Ook Jezus, uw Zoon, heeft gehuiverd voor die afwezigheid
en zijn zich verlaten voelen door U uitgeschreeuwd.

Geef dat wij U blijven zoeken
en ons vertrouwen op U niet aflaat,
dat wij alleen Uw liefde voor ogen blijven houden
en wij ons uit vrije wil tot U blijven wenden
omdat Gij ons die genade schenkt en schenken zal
tot het einde der dagen.

Gij zijt het, die ons doet opstaan
om gereinigd en gelouterd voor U te staan,
in en door Hem, Jezus, Uw Welbeminde Zoon,
die gekruisigd is en verrezen.

BENEDICT THISSEN
Zuster in Abdij Koningsoord te Oosterbeek

Geloof

VOOR DE OMSTANDERS DIE IN Jezus vooral een wonderdoener zien, is de opwekking uit de doden een schepje bovenop de lezing van vorige week, toen Jezus een blindgeborene genas. Maar het gaat bij Jezus nooit om het spektakel van een wonderdoener, die bij mensen fysiek lijden wegneemt. Uiteindelijk zal ook Lazarus lichamelijk sterven. Het gaat hier om het onderliggende geloof: de blinde zag niet wie hem genas maar hij weet: het is een profeet en hij noemt zich dus zijn volgeling. En Marta zegt: "Heer, als Gij hier waart geweest, zou mijn broer niet gestorven zijn. Maar zelfs nu weet ik, dat wat Gij ook aan God vraagt, God het U zal geven."

+WIM EIJK
Kardinaal en aartsbisschop van Utrecht

In eeuwigheid niet sterven

Jezus, geef ons het geloof van Marta.

Jezus zegt tot haar:
"Ik ben de verrijzenis en het leven.
Wie in Mij gelooft, zal leven,
ook al is hij gestorven,
en ieder die leeft in geloof aan Mij,
zal in eeuwigheid niet sterven.
Gelooft gij dit?"

Geef dat wij net als Marta kunnen antwoorden:
"Ja, Heer, ik geloof vast dat Gij de Messias zijt,
de Zoon Gods, die in de wereld komt."

+Wim Eijk
Kardinaal en aartsbisschop van Utrecht

De steen

DE OPWEKKING VAN LAZARUS IS een teken, een vooruitwijzing naar de opstanding uit de dood. Dat is de boodschap van Pasen, Jezus zegt immers tegen Marta: "Ik ben de verrijzenis en het leven." Hier spreekt Jezus over het eeuwig leven, maar de opwekking van Lazarus kunnen we ook betekenis geven voor ons huidige sterfelijke leven. Want we kunnen de ervaring hebben dat er een steen voor ons hart ligt, die ons de levensvreugde beneemt en toekomstperspectief verduistert. Soms voelen we ons nu al 'dood en begraven' – door een immens verdriet of door gevoelens van wroeging en spijt.

+WIM EIJK
Kardinaal en aartsbisschop van Utrecht

De steen voor ons hart

Jezus, stel ons open voor
Uw leven brengende boodschap
van hoop en vergeving.

Rol de steen weg voor ons hart,
zodat Uw licht kan doorbreken
in ons leven.

Schenk ons de kracht
op weg te gaan, geleid door
Uw woorden van verlossing.

+WIM EIJK
Kardinaal en aartsbisschop van Utrecht

Medelijden

MEERMALEN KOMT JEZUS IN ZIJN openbare leven 'door medelijden bewogen' tot handelen, als een uiting van Zijn barmhartigheid. Zo geneest Hij zieken en tijdens zijn trektocht door dorpen en steden wordt Hij bij het zien van de menigte mensen door medelijden bewogen, "omdat ze afgetobd neerlagen als schapen zonder herder" (Mt. 9,36). In het geval van Lazarus neemt Jezus' medelijden de vorm aan van een huivering en zelfs fysieke tranen, zo lezen we in het Johannesevangelie: "Jezus begon te wenen." Zijn ontroering betreft niet alleen Marta, Maria en hun broer Lazarus, Jezus is bewogen om de gehele mensheid.

+WIM EIJK
Kardinaal en aartsbisschop van Utrecht

Breng ons in beweging

Jezus, maak dat ook wij
altijd oog hebben
voor de noden van de ander.

Er is in de wereld zoveel
verdriet en eenzaamheid
die niet gekend worden.

Open onze ogen, onze oren en ons hart
en breng ons in beweging
om onze medemens tot steun te zijn.

+WIM EIJK
Kardinaal en aartsbisschop van Utrecht

PALMZONDAG

Leven

**Matteüs 21,1-11; Jesaja 50,4-7; Psalm 22;
Filemon 2,6-11; Matteüs 26,14-27,66**

Uit de lezingen:

Want de koningsmacht is aan de Heer:
Hij is heerser over de volkeren.
En dit komt zijn gerechtigheid melden
aan het volk dat geboren gaat worden.
Omdat het door Hem is volbracht.

(PSALM 22, 39.32)

De mensen die Jezus omstuwden, jubelden: "Hosanna Zoon van David, Gezegend de Komende in de naam des Heren! Hosanna in den hoge!" Toen Hij Jeruzalem binnentrok, raakte de hele stad in beroering en men vroeg: "Wie is dat?" Het volk antwoordde: "Dit is de profeet Jezus uit Nazaret in Galilea."

(MATTEÜS 21,9-11)

Everard de Jong | Zijn leven geven

JEZUS KOMT JERUSALEM BINNEN OP een ezeltje. De profeet Zacharias (9,9) had al geschreven: "Jubel luid, gij dochter Sion, juich, gij dochter Jeruzalem! Zie, uw koning komt tot u, rechtvaardig en zegevierend; hij is deemoedig, hij rijdt op een ezel, op een veulen, het jong van een ezelin." Jezus wordt hier binnengehaald als de koning van Israël. De vreugde is authentiek en overweldigend. "Neem van Mij aan: als zij zwijgen, zullen de stenen het uitroepen" (Lucas 19:39-40), zei Jezus, daarmee ook verwijzend naar de profeet Habakuk 2,11, waar staat dat de stenen uit de muur de onrechtvaardigen zullen aanklagen... In tegenstelling tot het paard, het dier van de oorlog, is de ezel het dier van de vrede. Jezus is de koning van de ware vrede. De palmtakken waren het teken van de overwinning. Veel mensen hadden hun aardse hoop op Jezus gesteld. Hij werd binnengehaald als de nieuwe politieke en religieuze leider, die zowel de Joodse overheden, als de door Rome benoemde stadhouder zou overstijgen. Hij was de redder. Hun gezang, Hosanna, "hoshi'a na," betekende: "Red ons!" (vgl. Ps. 118,25 en het erop volgende vs. 26: "Gezegend is Hij die komt in de Naam van de Heer.") Ze haalden Hem binnen alsof Hij de overwinning al op zak had. Wat een teleurstelling zou hén te wachten staan, die in Hem niet de Verlosser als dienstknecht van de Heer (Jes. 53) herkenden, die nog die week zijn leven zou geven. Die niet verwachtten binnen een paar dagen het opschrift "koning van de Joden" boven een gekruisigde Jezus te zien.

Daarover gaat precies het tweede deel van de liturgie. Er wordt vandaag al vooruitgelopen op Goede Vrijdag: het passieverhaal van één van de drie synoptische evangeliën, Mattheüs, Marcus of Lucas wordt gelezen. Waarom nu al? Te midden van de vreugde om de komst van de overwinnaar, doemt er een realistisch beeld op van de strijd die Hem te wachten staat. De Hogepriesters en Schriftgeleerden zijn op hun kookpunt van haat. Jezus weet ook dat degenen die Hem nu juichend binnenhalen, een paar dagen later zullen roepen: "Aan het kruis met Hem" (Joh. 9,15). En ook de apostelen, die zich ongetwijfeld al als ministers in Jezus' Koninkrijk zagen, zouden tot hun verbazing en ontsteltenis hun Heer tot de kruisdood veroordeeld zien worden en Hem, op één na, allemaal in de steek laten... We lezen het passieverhaal nu al, om te voorkomen dat ook wij in oppervlakkige, triomfalistische beelden en verwachtingen van Jezus zouden blijven steken. En er vandoor gaan als we in Hem teleurgesteld raken of als men ons begint te verwijten dat wij ook bij Hem horen...

We mogen vandaag natuurlijk wel ontzettend blij zijn dat Jezus komt. Hij maakt zich niet populair met een materialistisch prosperity gospel, een welvaarts-evangelie. Hij zal niet zo goed zijn voor onze bankrekening... Hij belooft geen gouden bergen. "Wie mijn volgeling wil zijn moet Mij volgen door zichzelf te verloochenen en zijn kruis op zich te nemen" (Mt. 16,24). Maar Hij biedt ons ten diepste bevrijding uit zonde en schuld, uit verslaving en bekrompenheid van denken. Hij zal ons koning te rijk laten zijn met wie we zijn en wat we hebben. Hij is koning, maar niet van een koninkrijk van deze wereld. Hij is de koning van de liefde. Hij herstelt het koningschap van God, dat in de kiem aanwezig zal komen door de komst van de Kerk, die geboren gaat worden uit zijn Hart en de uitstorting van de H. Geest.

Belangrijk is het dat we Hem vandaag liefdevol in ons hart sluiten; Hem niet alleen, zoals de Farizeeën en wetgeleerden 3 jaar lang gedaan hadden, tolereren, zolang Hij niet te lastig wordt. Nee, mogen we Hem alle ruimte geven om zich in ons te manifesteren, zodat Hij in de komende week zijn verlossende macht in ons kan uitoefenen. Dank u voor uw komst, Heer Jezus! Hosanna in den Hoge!

+EVERARD DE JONG
Bisschop van de Nederlandse Krijgsmacht
en hulpbisschop van het bisdom Roermond

Na palmen ook het kruis

Heer God, wij bidden U:
geef ons kracht om na palmen ook
het kruis te dragen:
het kruis van vrede, liefde, trouw,
het kruis van boete en bekering,
het kruis van grote dienstbaarheid en goedheid.

Geef ons in deze wereld de eenheid weer;
laat onderlinge twist ons niet verblinden,
laat allen onverdeeld uw Naam belijden
op de weg die ons verrijzenis zal brengen.

Verdrijf de haat uit onze wereld
en laat ons in vrede leven.
Geef ons het inzicht en de kracht,
om allen bij te staan, die onze steun verlangen
en mogen wij U herkennen in mensen zonder stem.

Houd ons verbonden, Heer,
met hen die door de dood zijn heengegaan.
Wil heel uw volk geleiden naar ons eeuwig Pasen.

Heer, onze God, wij bidden u, verhoor ons.

REGINA PLAT
Algemeen overste van de congregatie
van zusters dominicanessen van Voorschoten

WITTE DONDERDAG

Avond

Exodus 12,1-8.11-14; Psalm 116; 1 Korintiërs 11,23-26; Johannes 13,1-15

Uit de lezingen:

De beker des heils wil ik heffen,
aanroepen de naam van de Heer,
de Heer mijn geloften inlossen
ten overstaan van heel zijn volk.

(PSALM 116,13-14)

Toen Hij dan hun voeten had gewassen, zijn bovenkleren had aangetrokken en weer aan tafel was gegaan, sprak Hij tot hen: "Begrijpt gij wat Ik u gedaan heb? Gij spreekt Mij aan als Leraar en Heer, en dat doet gij terecht, want dat ben Ik. Maar als Ik, de Heer en Leraar, uw voeten heb gewassen, dan behoort ook gij elkaar de voeten te wassen. Ik heb u een voorbeeld gegeven, opdat gij zoudt doen zoals Ik u gedaan heb."

(JOHANNES 13,12-15)

Hans van den Hende | Het is al avond

AAN HET EINDE VAN DE Veertigdagentijd begint met Witte Donderdag de driedaagse (triduum) van Pasen. Als we op Witte Donderdag samenkomen in de kerk, dan is het al avond. We staan stil bij het laatste avondmaal van onze Heer, op de vooravond van zijn arrestatie en lijden en sterven.

In de lezing uit het evangelie van Johannes horen we geen beschrijving van de maaltijd van de Heer als zodanig. We horen Jezus zeggen dat zijn uur is gekomen. Jezus, de leraar en meester, wast zijn leerlingen de voeten. In het nederige werk van de voetwassing laat Jezus zijn leerlingen zien dat Hij gekomen is om te dienen in plaats van gediend te worden. Hij sluit zijn aanschouwelijk onderwijs af met te zeggen: "Ik heb u een voorbeeld gegeven opdat gij zoudt doen zoals Ik u gedaan heb"

(Johannes 13,15). Je zou bij de voetwassing kunnen spreken van de instelling van het gebod van de naastenliefde waarover Jezus later nog te spreken komt (cf. Johannes 15,12-17).

Gaat het op Witte Donderdag dan niet om de instelling van de eucharistie? Zeker wel, want in de tweede lezing uit de eerste brief van Paulus aan de christenen van Korinte horen wij het oudste getuigenis in het Nieuwe Testament, "dat de Heer Jezus in de nacht waarin Hij werd overgeleverd brood nam en na gedankt te hebben het brak en zei: Dit is mijn lichaam voor u. Doet dit tot mijn gedachtenis. Zo nam Hij na de maaltijd de beker met de woorden: Deze beker is het nieuwe verbond in mijn bloed. Doet dit elke keer dat gij hem drinkt tot mijn gedachtenis."

In dit licht gedenken wij op Witte Donderdag tevens de instelling van het priesterschap dat – getekend door de liefde van Christus – heel bijzonder verbonden is met de bediening van het sacrament van de eucharistie.

Zoals destijds het volk van God aan de vooravond stond van de uittocht uit de slavernij van Egypte en het paasmaal werd gehouden, haastig etend met de stok in de hand (cf. Exodus 12,11), zo staat Jezus bij het laatste avondmaal aan de vooravond van zijn uittocht wanneer Hij zal sterven aan het kruis en na zijn verblijf in het graf zal verrijzen uit de dood, zijn doortocht naar nieuw leven voor altijd. De apostel Paulus schrijft met betrekking tot de eucharistie: "Telkens als gij dit brood eet en de beker drinkt verkondigt gij de dood des Heren totdat Hij wederkomt" (1 Korintiërs 11,26).

De eucharistieviering van Witte Donderdag wordt niet afgesloten met de zegen. Er is sprake van een eenvoudige zegenbede. De viering van Witte Donderdag als eerste etappe van de driedaagse van Pasen gaat als het ware geruisloos over naar de liturgie van Goede Vrijdag.

+HANS VAN DEN HENDE
Bisschop van Rotterdam

Totdat Gij wederkomt

Heer Jezus Christus,
drie dagen mogen wij U aandachtig volgen,
de momenten gedenken
van de maaltijd met uw leerlingen,
uw kruisdood en verrijzenis.

Wij danken U, Heer,
voor uw volgehouden liefde tot in de dood,
voor de gaven van uw Lichaam en Bloed
totdat Gij wederkomt.

Wij danken U, Heer,
dat uw uittocht geen afscheid betekent,
maar de doortocht naar uw eeuwig leven,
waarvan wij het onderpand mogen
ontvangen in de eucharistie.

+HANS VAN DEN HENDE
Bisschop van Rotterdam

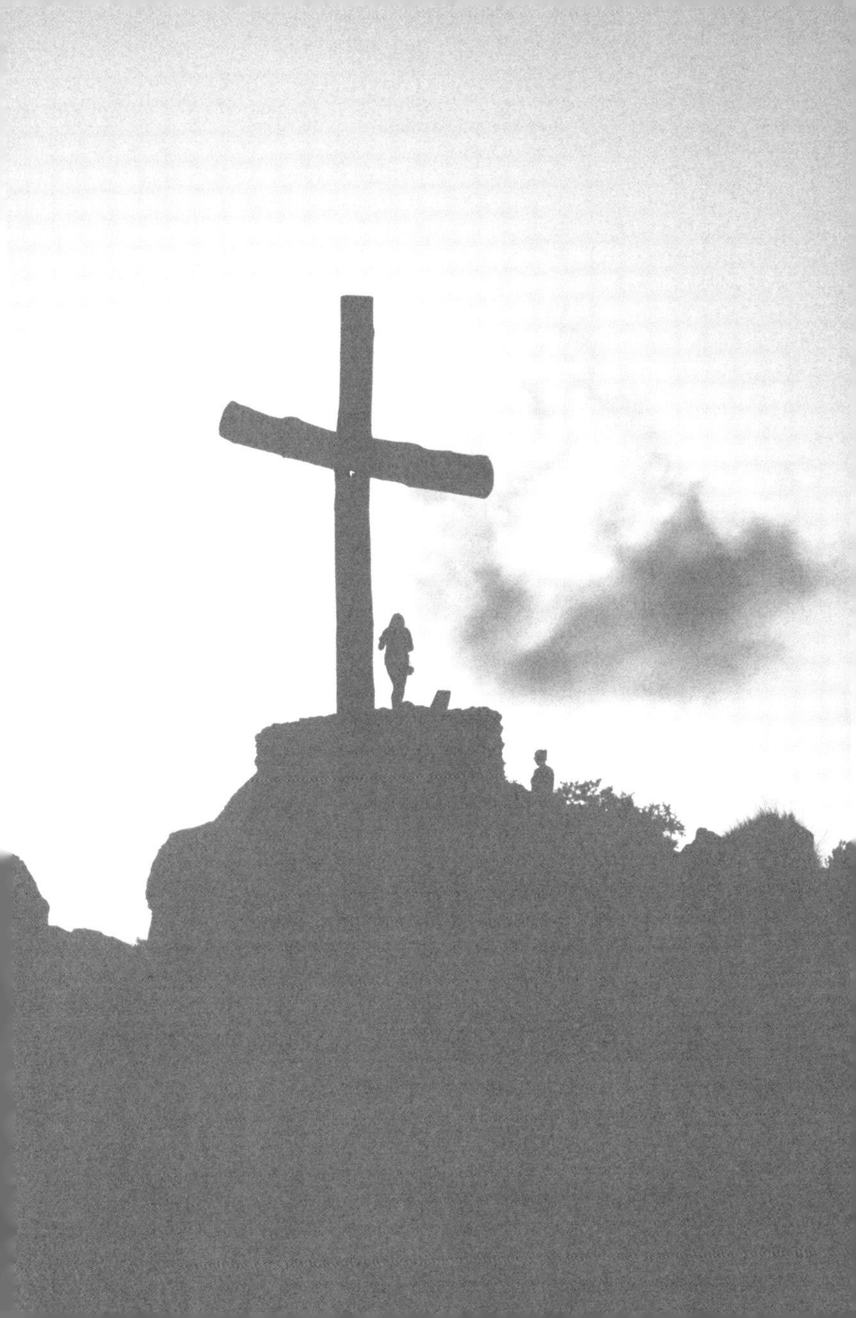

GOEDE VRIJDAG

Kruis

**Jesaja 52,13-53,12; Psalm 31;
Hebreeën 4,14-16; 5,7-9;
Johannes 18,1-19,42**

Uit de lezingen:

In uw hand beveel ik mijn geest,
Gij, Heer, die mijn losser wilt zijn,
Gij, die een God zijt van waarheid.

(PSALM 31,6)

Hierna, wetend dat nu alles was volbracht, zei Jezus, opdat de Schrift vervuld zou worden: "Ik heb dorst." Er stond daar een kruik vol zure wijn. Ze doopten er een spons in, staken die op een hysopstengel en brachten die aan zijn mond. Toen Jezus van de zure wijn genomen had, zei Hij: "Het is volbracht." Daarop boog Hij het hoofd en gaf de geest.

(JOHANNES 19,28-30)

Hans van den Hende |
Geen doodlopende weg

OOIT VROEG IEMAND: WAT IS er zo goed aan Goede Vrijdag? Het gaat immers over het lijden en sterven van Jezus aan het kruis. Deze indringende vraag is te begrijpen want lijden en sterven zijn bepaald niet goed. In de lezingen van Goede Vrijdag worden lijden en sterven dan ook niet verheerlijkt. De dood van Jezus aan het kruis is en blijft gruwelijk. Het altaar in de kerk is leeg. Er ligt geen kleed op en geen altaarkruisje en er staan geen kandelaars op.

Het kruis van Christus staat centraal, bij het bidden van de kruisweg en ook in de plechtige viering van Goede Vrijdag, de tweede etappe van de driedaagse van Pasen. Waar de eucharistieviering op Witte Donderdag niet werd afgesloten met een zegen, zo wordt de plechtige viering van Goede Vrijdag zonder opening en begroeting begonnen met een moment van volstrekte stilte waarbij de priester, gekleed in een rood kazuifel, plat op de grond gaat liggen. Daarna wordt gebeden en volgen de schriftlezingen met als laatste lezing het lijdensverhaal van onze Heer Jezus Christus volgens Johannes.

Na de uitgebreide voorbede wordt een groot kruis ter verering binnengedragen: "Aanschouwt dit kostbaar kruis waaraan de Redder heeft gehangen. Komt laten wij aanbidden." De aandacht gaat uit naar de persoon van Jezus Christus die zijn leven heeft gegeven aan het kruis. We worden uitgenodigd om persoonlijk dichter bij het kruis van Christus te komen, het te kussen of een buiging te maken en eventueel bloemen neer te leggen of een kaarsje aan te steken.

We denken met afschuw aan woorden uit de eerste lezing van de profeet Jesaja: "Men mishandelde hem en hij heeft het aanvaard, hij heeft zijn mond niet geopend" (Jesaja 53,7) en we beseffen dat "hij is doorboord om onze zonden en mishandeld om onze misdaden" (Jesaja 53,5a).

Uitvoerig staan we stil bij Jezus' lijden en sterven, maar wij geloven dat Jezus' dood niet het einde is. Daarom is de plechtigheid van Goede Vrijdag niet louter een dodenherdenking. In het perspectief van Pasen mogen we benadrukken dat de weg van de gekruisigde Heer uiteindelijk geen doodlopende weg is. Hij leeft!

Indringend is daarom op Goede Vrijdag het moment van de heilige communie. Na het bidden van het Onze Vader ontvangen wij in de communie de levende Heer onder de gedaante van brood. Nog op weg naar het paasfeest ontvangen we onze Heer die gestorven is en verrezen.

De plechtigheid eindigt in stilte. Er wordt alleen een zegenbede uitgesproken. Zo gaat de tweede etappe van de driedaagse van Pasen geleidelijk over naar de zaterdag waarop we stilstaan bij Jezus' verblijf in het graf om uiteindelijk in de paaswake het licht van de verrezen Heer binnen te dragen.

+HANS VAN DEN HENDE
Bisschop van Rotterdam

Een houvast

Heer Jezus Christus,
uw lijden en sterven zijn
te gruwelijk voor woorden,
uw liefde en trouw werden
beantwoord met haat en verraad.

Wij bidden U, Heer, wees nabij
aan alle mensen die onschuldig lijden,
aan allen voor wie de dood onontkoombaar is.

Wij bidden U, Heer, dat uw kruis
steeds een houvast mag zijn,
om in tijden van duisternis
oog te houden voor uw licht
en uw barmhartigheid en verlossing
te ondervinden.

+HANS VAN DEN HENDE
Bisschop van Rotterdam

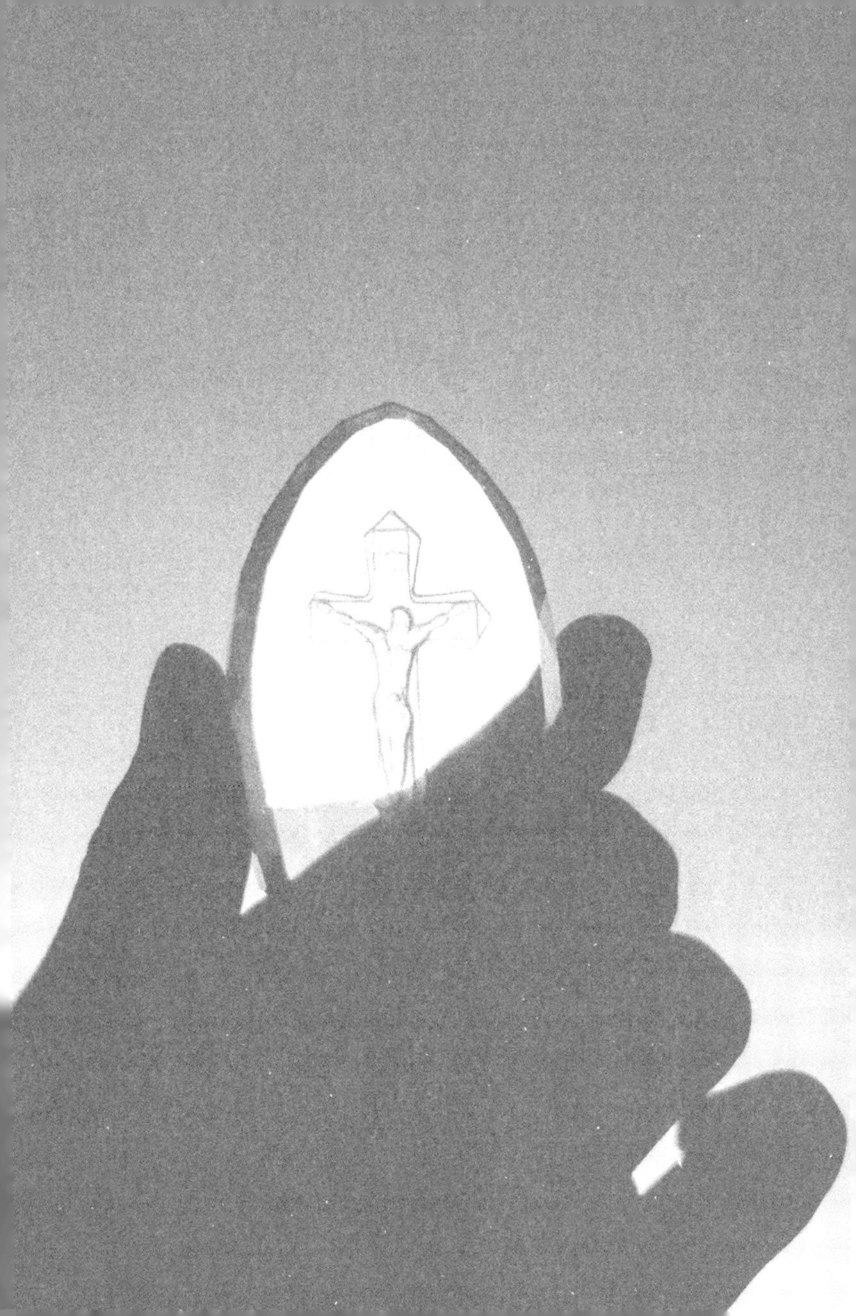

PAASWAKE
Licht

**Genesis 1,1-2,2; Exodus 14,15-15,1;
Jesaja 55, 1-11; Psalm 104;
Romeinen 6,3-11; Matteüs 28,1-10**

Uit de lezingen:

Loof, mijn ziel, de Heer!
Heer, mijn God, hoe ontzaglijk zijt Gij,
met glans en luister bekleed,
gehuld in een mantel van licht.

(PSALM 104,1-2)

Na de sabbat, bij het aanbreken van de eerste dag der week, kwamen Maria Magdalena en de andere Maria naar het graf kijken. (...) De engel sprak de vrouwen aan en zei: "Gij behoeft niet bevreesd te zijn; ik weet dat gij Jezus zoekt, de gekruisigde. Hij is niet hier. Hij is verrezen zoals Hij gezegd heeft; komt zien naar de plaats waar Hij gelegen heeft. Gaat nu terstond aan zijn leerlingen zeggen: Hij is verrezen van de doden, en nu gaat Hij u voor naar Galilea; daar zult gij Hem zien. Dat had ik u te zeggen."

(MATTEÜS 28,1.5-7)

Hans van den Hende | Het zien van het nieuwe licht

DE PAASWAKE GAAT PAS VAN start wanneer het donker is. In een donkere kerk mogen we uitzien naar het licht van Pasen. De duisternis en ook de lengte van de plechtigheid zijn niet bedoeld om in slaap te vallen. Op uitnodiging van de Heer zijn we geroepen om waakzaam te blijven, onze ogen en oren open te houden om te kunnen zien en te horen dat "onze Heer Jezus van de dood naar het leven is overgegaan."

Nadat het vuur is gezegend en de paaskaars daarmee is aangestoken, wordt het licht als teken van de verrezen Heer binnengedragen in de kerk en alle aanwezigen mogen delen in het licht van Pasen door aan de paaskaars hun kleine kaarsjes te ontsteken: "Licht van Christus. Heer, wij danken U."

De paaswake bestaat na de lichtritus uit nog drie delen: de viering van het woord, de viering van het doopsel en de eucharistie. Na het bij kaarslicht zingen van de paasjubelzang wordt het eerste gedeelte van de paaswake afgesloten. Na het zien van het nieuwe licht, gaan we luisteren naar de verschillende lezingen uit de heilige Schrift in de uitgebreide viering van het woord.

Minstens drie lezingen uit het Oude Testament komen voorbij, daarna wordt gelezen uit de brief aan de Romeinen (over het doopsel) en uiteindelijk klinkt het evangelie van Pasen. Na lange tijd wordt weer alleluia gezongen. God is de oorsprong van ons leven en ook de vernieuwing ervan door de verrijzenis, de overwinning op de dood.

Na zien en luisteren mogen we ons hart laten spreken. We worden gevraagd opnieuw ons geloof te belijden en worden besprenkeld met nieuw gezegend water ten teken van het eens ontvangen doopsel. Vaak worden in de paaswake juist op dit moment nieuwe gelovigen opgenomen in de Kerk door het sacrament van het doopsel en het vormsel. Medegelovigen zijn hun voorgangers op de weg van het evangelie. Voor eenieder geldt de aansporing om met hart en ziel leerlingen van Christus te zijn.

In de viering van de eucharistie komt de gekruisigde en verrezen Heer in ons midden met de gaven van zijn Lichaam en Bloed. In dit sacrament is de levende Heer net zo dichtbij ons als op de eerste paasmorgen bij zijn eerste leerlingen.

Met een plechtige zegen wordt de paaswake afgesloten als derde etappe van de driedaagse van Pasen. Eerste Paasdag en de hele paastijd mogen we de rijkdom van ons paasgeloof be-amen. Uiteindelijk viert de Kerk iedere zondag de verrijzenis van Christus.

+HANS VAN DEN HENDE
Bisschop van Rotterdam

Getuige zijn

Heer Jezus Christus,
op de derde dag bent U
verrezen uit de dood,
en mochten de leerlingen
getuige zijn van het lege graf.

Wij danken U, Heer,
voor hun verkondiging van Uw paasmysterie,
voor de gave van het paasgeloof in uw Kerk.

Wij bidden U, Heer,
dat uw vrede ons voortdurend mag vergezellen,
om in tijden van onrust en oorlog
trouw te blijven aan uw liefde
en met hart en ziel uit te zien
naar Uw wederkomst.

+HANS VAN DEN HENDE
Bisschop van Rotterdam

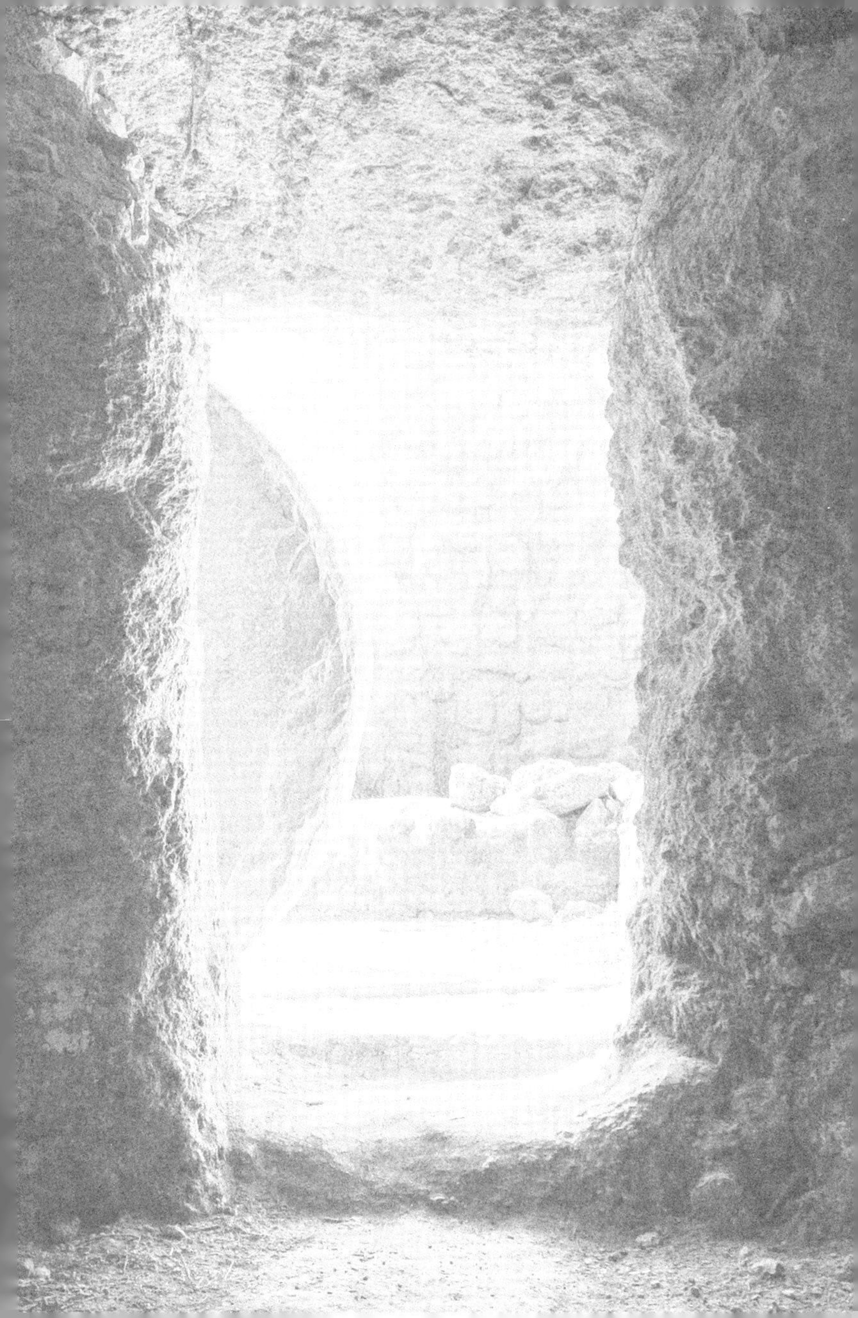

PAASZONDAG
De eerste dag

**Handelingen 10,34a.37-43; Psalm 118;
Kolossenzen 3,1-4; Johannes 20,1-9**

Uit de lezingen:

> De steen die de bouwers verwierpen
> thans is hij tot hoeksteen geworden;
> door de Heer kreeg dit zijn bestand:
> het deed zich ons voor als een wonder.
> Zie, deze dag schept de Heer,
> laat ons hem vieren met vreugde.

(PSALM 118,22-24)

En wij zijn getuigen van alles wat Jezus in het land van de Joden en in Jeruzalem gedaan heeft. Hem hebben ze aan het kruishout geslagen en vermoord. God heeft Hem echter op de derde dag doen opstaan en laten verschijnen, niet aan het hele volk, maar aan de getuigen die door God tevoren waren uitgekozen, aan ons, die met Hem gegeten en gedronken hebben nadat Hij uit de doden was opgestaan. Hij gaf ons de opdracht aan het volk te prediken, en te getuigen dat Hij de door God aangestelde rechter is over de levenden en de doden.

(HANDELINGEN 10,39-42)

Harrie Smeets | Alleen maar geloven

SINDS MIJN PRIESTERWIJDING ZIE IK mij elk jaar voor een onmogelijke opdracht geplaatst: preken met Pasen. Het zou verboden moeten worden! Niet omdat ik te lui ben om een preek te schrijven en ook niet omdat ik geen zin zou hebben om aan de mensen in de kerk een boodschap mee te geven. Nee, preken over Pasen is gewoonweg onmogelijk, want hoe kun je nu iets zeggen over dingen die ons bevattingsvermogen mijlenver te boven gaan? Dat Jezus verrezen is en dat Hij de dood overwonnen heeft, is met een gewoon mensenverstand niet te begrijpen. Je kunt het alleen maar geloven en ingetogen vieren, beginnend in de stilte van je hart.

Omdat natuurlijk toch van mij verwacht werd dat ik met Pasen iets zou zeggen, heb ik in de jaren dat ik als pastoor in verschillende parochies actief was voor een bijzondere vorm gekozen. Ik preekte niet, maar kroop voor een ogenblik in de huid van mensen die er indertijd bij waren, bij de wondertekenen, bij het Laatste Avondmaal, bij de veroordeling door Pilatus, bij de kruisiging en op zondagmorgen bij graf. In het evangelie worden heel wat mensen genoemd die het meegemaakt hebben: de ooggetuigen van Jezus' leven, van zijn lijden en sterven... en van het lege graf. Vreemd genoeg zijn er geen getuigen van het moment van de verrijzenis zelf. Dit onderschrijft mijn stelling: over de diepe betekenis van Pasen kun je niets zinnigs zeggen, je kunt het alleen maar geloven.

In die Paaspreken die geen preken over Pasen zijn, heb ik geprobeerd mij te verplaatsen in de mensen die het van nabij hebben meegemaakt. We kennen hun officiële verhalen uit het evangelie. Maar wat dachten ze? Wat voelden ze? Hoe kwam Jezus op hen over? En dan die verrijzenis, dat lege graf: hoe reageerden zij daarop? Natuurlijk zijn het geen historisch betrouwbare getuigenissen, het zijn mijn interpretaties van hun reacties, mijn alledaagse voorstelling van hoe zij wellicht gereageerd zouden kunnen hebben.

+HARRIE SMEETS
Bisschop van Roermond

(Uit: Harrie Smeets, *Getuigen van de Verrijzenis*, Adveniat 2022)

De blindgeborene

SINDS KORT KAN IK ZIEN. Mijn blindheid die ik van mijn geboorte af kende, is verdwenen. Hoe geweldig ik dat ook vind, toch trek ik me nu even terug in een van de hoekjes waar ik vroeger zat, toen ik nog blind was. Ik trek me terug en sluit mijn ogen, om tot me te laten doordringen wat ik gehoord heb.

Toen ik nog blind was, was ik afhankelijk van mijn ouders. Ik deed mijn best om zelf wat bij te dragen aan mijn onderhoud door te bedelen, hier in Jeruzalem. Want wat moest ik anders? Wat zien was, wist ik niet. Horen daarentegen kon ik beter dan menigeen. De geluiden om mij heen vertelden mij of het druk was in de stad, of de stemming onder de mensen rustig of opgewonden was. Voordat anderen het zagen, hoorde ik al of er Romeinse soldaten marcheerden en ik kende de meeste mensen uit mijn omgeving aan hun stem, soms aan het hoestje dat voor hun uitging of aan hun veerkrachtige of slepende voetstap.

Meestal zat ik in de buurt van de tempel. Daar kreeg je het meeste toegestopt. Van tempelbezoekers die een offer kwamen brengen of die zich vergaapten aan de tempelschatten. Uit de richting van de tempel kwam een paar weken geleden een rabbi met een paar leerlingen. Hij heette Jezus. Zijn leerlingen spraken over mijn blindheid en de oorzaak ervan. Ze spraken niet met mij, maar over mij. Het leek alsof die leerlingen mij daarbij niet zagen staan. Alsof ik niemand was, alsof ik niet kon horen wat ze zeiden. Maar ik hoorde hun goed. Die Jezus zei uiteindelijk: 'Ik ben het licht van de wereld.' Hij zag mij wel, kwam naar mij toe en streek met slijk over mijn ogen en zei: 'Ga je wassen in de vijver van Siloam.'

Hoewel het de eerste keer was dat ik zijn stem hoorde, raakten zijn woorden mij. Door zijn woorden, in zijn stemgeluid, hoorde je gewoon liefde. Ja, liefde kun je horen. Dus luisterde ik en ging ik naar de Siloam. Dat was gemakkelijk te vinden: naar het zuiden lopen, de benedenstad in. Voornamelijk dus de zon in het gezicht houden, die was goed te voelen. Dan de trappen af. Ik waste mij en ... kon zien. Eerst nog met de ogen knipperend tegen het felle licht dat ik nooit gekend had en toen, toen zag ik de wereld. Mijn genezing werd uiteraard gauw bekend en de eerste tijd daarna had ik geen rust meer. Mijn ouders, de buren, de schriftgeleerden: iedereen had het erover en wilde meer weten. Vooral over die Jezus. Ik kon alleen maar gewoon zeggen wat er gebeurd was. Dat ik naar zijn woord geluisterd had en nu kon zien.

Zo eenvoudig als mijn verhaal was, zo moeilijk vonden de anderen het om dat te geloven en zo moeilijk vond ik het om te begrijpen wat verleden week hier in mijn stad gebeurde. Dat ze dezelfde Jezus, die mij de bevrijding uit het blinde duister gaf, het levenslicht hebben afgenomen en in een aardedonker graf hebben neergelegd.

Nu is het zondag en er gaan geruchten. Tegenstrijdige geruchten. Wat zeker is, is dat het graf nu leeg is. Van de kant van de tempel komen verhalen dat zijn leerlingen Hem ergens anders hebben neergelegd. Maar enkele van de leerlingen beweren dat hij verrezen is. Engelen hadden dat aan een paar vrouwen gezegd: 'Wat zoeken jullie de levende bij de doden? Hij is verrezen.' Maria van Magdala dacht ook eerst dat ze hem hadden weggehaald, maar later heeft ze hem gezien. Met eigen ogen.

Hier in mijn hoekje zittend, realiseer ik mij wat het frappante is: niemand heeft het moment gezien dat hij uit de dood zou zijn opgestaan. De soldaten die moesten waken, hadden hun ogen zelfs dicht gehad, zegt men. Van de eerste tot de laatste die het erover heeft: niemand heeft het gezien. Uiteindelijk moet iedereen het dus hebben van het horen. Ik zei het al: mijn oren zijn altijd goed geweest.

In mijn gedachten ga ik nog even terug naar de dagen van mijn genezing: een tijd na mijn genezing ontmoette ik hem, zag ik hem. Hij vroeg me toen ook niet hoe het met mijn ogen was, maar of ik geloofde in de mensenzoon, in Gods zoon, die de dood overwint. 'Ik geloof,' heb ik toen gezegd.

Dat hij weer leeft? Ik kan het goed geloven, ook zonder het gezien te hebben. Zelfs al zou ik blind zijn gebleven, dan nog zou ik geloven, ook zonder te zien. Aan zijn stem, aan zijn woorden hoorde ik dat het leven in hem zou overwinnen.

+HARRIE SMEETS
Bisschop van Roermond

(Uit: Harrie Smeets, *Getuigen van de Verrijzenis*, Adveniat 2022)

Het Pasen van de Heer

Heer, ik wil U volgen,
U bent mijn leven.

U zegt: "wie mijn volgeling wil zijn,
moet Mij volgen door zichzelf te verloochenen
en zijn kruis op te nemen."

Ik neem het kruis aan Heer,
ook al kost mij dat soms veel moeite.
Ik weet dat U mij ook zult laten leven in Uw Pasen.
Dan zal het ook mijn Pasen zijn.

Dan mag ik delen in Uw Pasen, delen in Uw Verrijzenis.
Daar leef ik voor, dat is de zin van mijn Leven.
U bent de zin van mijn leven, Heer.

MARIE-ANNE VOERMANS
Moeder-overste van de congregatie
Zusters van het Arme Kind Jezus in Nederland

De Heer leeft, Alleluia!

De engelen zeiden tegen de vrouwen:
"... Hij is verrezen. Hij is niet hier ...
Hij gaat u voor naar Galilea."

(MARCUS 16,6)

Heer, ik vind het heerlijk dat U deze blijde boodschap
het eerst hebt laten weten aan de vrouwen.

Mag dat? Het geeft mij een goed gevoel.
Het zegt iets over onze taak
als vrouw in het Paasgebeuren.

Heer, ik vraag U de genade om
Uw Boodschap uit te mogen dragen,
in de taak die U mij geeft,
daar waar ik op dat moment ben.

Zegen de mensen die ik ontmoet.
Zegen mijn medezusters voor wie ik mag zorgen.
Zegen de kinderen met wie ik
Uw Pasen, Uw Boodschap mag delen.
Amen!

MARIE-ANNE VOERMANS
Moeder-overste van de congregatie
Zusters van het Arme Kind Jezus in Nederland